JENNIFER PICCI
BETTY JERECZEK

Oracle

LES PORTES DE L'INCONSCIENT

LAISSEZ LA MAGIE DES ARCHÉTYPES
FÉMININS VOUS GUIDER

✦

Éditions Favre SA
29, rue de Bourg – CH-1003 Lausanne
Tél. : +41 (0)21 312 17 17
lausanne@editionsfavre.com
www.editionsfavre.com

Groupe Libella, Paris

Dépôt légal en Suisse en septembre 2023.

Illustrations et mise en pages : Julie Pichet

ISBN : 978-2-8289-2105-7

Les Éditions Favre bénéficient d'un soutien structurel de l'Office fédéral de la culture pour les années 2021-2024.

JENNIFER PICCI
BETTY JERECZEK
Illustré par Julie Pichet

✦

Oracle

LES PORTES DE L'INCONSCIENT

FAVRE

SOMMAIRE

✦

✦

INTRODUCTION

Vous venez de vous procurer l'oracle : les portes de l'inconscient.

Nous vous remercions pour votre confiance et nous nous réjouissons de l'expérience que vous allez vivre tout au long de l'utilisation de l'oracle que vous avez entre vos mains.

Nous sommes très excitées de vous proposer un jeu de cartes à mi-chemin entre la science et le sacré. Entre le concret et le subtil.

Nous exerçons notre métier de psychologues et d'hypnothérapeutes depuis plus de 10 ans. Nous avons constaté dans notre pratique combien les états modifiés de conscience, tels que l'hypnose, permettent de faciliter et d'accélérer le travail de prise de conscience.

Vous avez entre vos mains un outil sur lequel vous allez pouvoir vous appuyer au quotidien.

Vous allez aussi pouvoir l'utiliser comme un guide d'exploration pour lever des blocages inconscients qui vous empêchent d'avancer.

Il va vous permettre d'aller plus loin. De mieux vous connaître. De savourer toutes les réponses que vous avez déjà en vous, parfois même sans le savoir.

Nous vous invitons à vous approprier ces cartes. Peut-être avez-vous envie d'intégrer ces tirages comme un rituel, un moment rien que pour vous. Ou peut-être avez-vous envie de l'utiliser comme une ressource disponible à n'importe quel moment.

Voici quelques idées de rituels ou d'appropriation de cet outil d'exploration de votre inconscient.

Programmer l'oracle :

Durant toute l'écriture de cet oracle, nous avons pris l'habitude d'allumer une bougie, de respirer une huile essentielle (celle qui était la plus proche de nous) et d'écouter une musique qui nous donnait « des frissons ».

C'est dans cette énergie que cet oracle a été créé. Nous avons posé l'intention de recevoir les messages justes de la part de notre inconscient.

Alors si cela vous parle, nous vous invitons à faire de même pour vous connecter à l'essence même de l'oracle.

Dans un premier temps, nous vous invitons à allumer une bougie, à vous approprier les cartes et à écouter une musique qui vous inspire, vous touche, vous fait vibrer.

Ensuite, prenez les cartes, ce sont les vôtres !
Vous pouvez les toucher une à une, les étaler devant vous, les tenir contre votre cœur. Prenez le temps de les observer.

Lorsque vous le sentez, regroupez toutes les cartes, posez les faces cachées, mettez une main dessus, et concentrez votre attention dans la zone de votre cœur.

Imaginez un lien se créer entre vous et l'oracle et le tour est joué.

Si vous le sentez, nous vous invitons à réciter la phrase suivante :

« Je demande à ce que la magie des archétypes féminins soit activée pour me permettre de recevoir les messages pour lesquels je suis prêt.e, et laisser les portes de mon inconscient s'ouvrir dans le sens le plus juste pour moi. »

✦

✦

MÉTHODE DE TIRAGE

Tirer cet oracle peut être similaire à visiter un lieu sacré.
On peut le regarder de l'extérieur brièvement et, déjà, cela nous fait réfléchir. On peut y entrer, passer les portes et visiter son intérieur. On peut aussi choisir d'y rester un peu plus longtemps, de s'y poser et de laisser la magie du lieu s'imprégner en nous.

Alors, préparez-vous pour ce voyage. Installez-vous, posez-vous et prenez le temps d'être totalement présent.e.

Les textes sont pensés pour être lus à voix hautes car ils sont écrits en langage sacré et hypnotique.
Cela facilitera le processus pour entrer dans la voie de l'inconscient.

Quand vous serez prêt.e pour votre tirage, effectuez-le sans avoir les faces visibles devant vous.
Vous pouvez soit les étaler devant vous (avec le verso visible), soit battre les cartes et tirer celle qui vous appelle.

Vous pouvez aussi attendre qu'une carte « saute » du jeu.

Prenez le temps de poser une intention claire à la fois sur les réponses que vous souhaitez obtenir, mais aussi sur comment vous souhaitez l'utiliser.

Nous vous proposons plusieurs formes d'utilisation de ces cartes. Selon vos besoins, vos intentions, vous pouvez utiliser l'oracle et les séances d'autohypnose pour une rapide introspection ou une immersion totale avec votre inconscient.

Les voici :

TIRAGE EXPRESS « LE MESSAGE/ CONSEIL DU JOUR »

Tirez une carte pour vous inspirer de l'archétype et activez ses ressources afin d'en profiter pendant la journée.
Cet archétype vous insuffle ce dont vous avez besoin.

Tirage à l'envers: regardez les vulnérabilités de la carte, c'est à ça qu'il faut faire attention.

Tirage à l'endroit: c'est l'archétype qui est activé en elle, ses valeurs.

TIRAGE EN 3 CARTES :

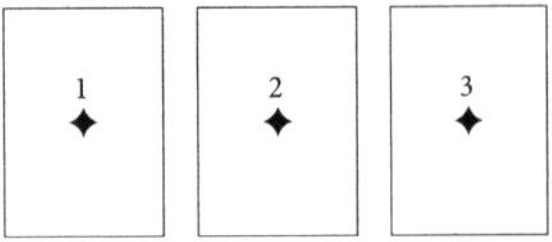

<u>1ère carte:</u>

Elle symbolise la problématique de votre question ou de votre situation. Nous vous invitons à porter l'attention sur les vulnérabilités de l'archétype, ce qui peut être déséquilibré, en excès.

<u>2ème carte:</u>

Elle symbolise l'archétype sur lequel vous pouvez venir vous appuyer. Ses forces et qualités sont celles dont vous avez besoin de vous imprégner aujourd'hui.

3ème carte :

Elle vient compléter le message en vous donnant une information.

Inspirez-vous en comme s'il s'agissait d'une guide qui vous montrerait le chemin.
Cette carte est le message de votre inconscient.
Vous venez de traverser les portes vers cette partie de vous qui détient tout le savoir et toutes les solutions.

Et pour aller encore plus loin et permettre aux messages de l'inconscient de s'amplifier, référez-vous à la séance audio à écouter.

TIRAGE CONFLIT :

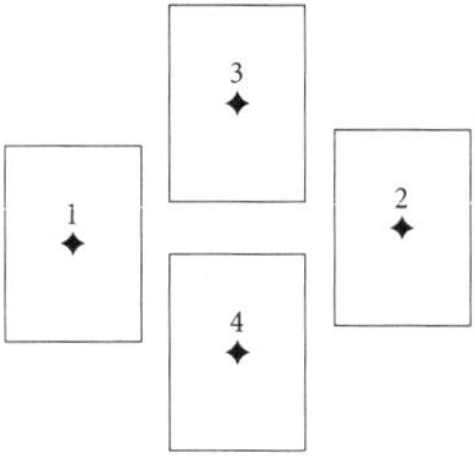

Ce tirage est idéal pour clarifier ce qui se passe avec une personne de votre entourage.

Il permet de mettre en évidence l'archétype qui est activé chez vous, celui de l'autre personne, ce qui fait que vous êtes dans cette situation aujourd'hui (la source du conflit) ainsi que des pistes d'exploration pour solutionner tout cela dans le futur.

<u>1ère carte :</u>
Cette carte renvoie à ce que vous représentez dans cette situation, vos responsabilités, vos blocages... Qu'est-ce qui se passe avec une personne ? (situation compliquée, envie de comprendre ce qui se passe chez l'autre... Quel archétype est actif en cette personne ?)

2ème carte :

Cette carte représente ce qui se joue pour l'autre personne. Son positionnement, sa posture, son énergie. Attention, cette carte est symbolique et concerne votre propre perception de ce que l'autre représente pour vous. Il ne s'agit pas d'un jugement sur la nature de cette personne et de qui elle est, mais plutôt de recevoir des éléments de compréhension sur le rôle qu'elle tient dans cette situation.

Il ne s'agit donc pas d'une « vérité » absolue.

De la même manière que le léopard est perçu comme le prédateur par l'antilope, son rôle et sa place font pourtant partie de l'équilibre de tout un écosystème. Et il ne peut pas faire autrement que manger l'écosystème. Nous n'avons jamais vu de léopards qui deviennent végétariens. Ce n'est pas dans leur nature.

3ème carte :

Cette carte symbolise ce qui vous a amené.e dans cette situation relationnelle. Quels ont été les éléments de discordes par le passé ?

Il est toujours surprenant de remarquer que dans tout conflit, il y a systématiquement un point de dé-

part qui est partagé par les deux parties. C'est la pièce maîtresse de l'histoire, le nœud de la guerre à partir duquel chacun se positionne.
Qu'est-ce qui vous a empêché.e de vous comprendre ? De vous accorder ? Qu'est-ce qui a besoin d'évoluer entre vous ?

Il est important d'accorder de l'attention aux vulnérabilités de cette carte.

4ème carte :
Cette carte vous donne un conseil pour la suite de votre relation. Elle vous demande de regarder les qualités à utiliser et à activer. Parfois, il n'y a pas de solutions toutes faites, il s'agit souvent d'incarner la dynamique appropriée. En changeant de posture de votre côté, la relation et son dénouement peuvent naturellement se repositionner.

✦

✦

QUELLES SÉANCES AUDIOS ÉCOUTER ?

Pour le tirage « message clé », il s'agit de la séance audio de l'univers auquel appartient la carte.

Pour les tirages à plusieurs cartes, nous vous invitons à laisser votre « bon sens » vous guider quant à la séance à écouter.

Un petit indice: si plusieurs cartes font partie du même univers, il est peut-être intéressant de commencer avec celui-là.

✦

COMMENT UTILISER LES SÉANCES AUDIOS ?

Vous êtes-vous déjà fait la réflexion: « je comprends et je sais que je devrais faire autrement, mais ça me semble difficile, voire impossible »?

Cela est caractéristique du décalage qu'il peut y avoir entre les prises de conscience et la réalité de votre vie intérieure régie par l'inconscient.

Les séances audios que nous avons créées sont un accélérateur de prise de conscience. Grâce à ces enregistrements, vous allez pouvoir intensifier et intégrer le message des cartes que vous avez tirées.

Pour quelle raison l'autohypnose fonctionne-t-elle ?

Nous avons tous des moments de la journée où nous sommes « ici » et en même temps un peu ailleurs. Ces moments sont caractéristiques d'états modifiés de conscience (EMC).

Les EMC sont essentiels pour notre santé mentale, ils nous permettent d'intégrer les informations et de créer notre raisonnement, impressions personnelles de ce qui est « bien » et de ce qui ne l'est pas. Les EMC sont essentiels pour notre santé mentale, ils nous permettent d'intégrer les informations et de créer notre raisonnement, impressions personnelles de ce qui est « bien » et de ce qui ne l'est pas.
Nos impressions, ressentis, opinions et sensations font partie de notre inconscient et elles sont souvent

représentatives, conceptuelles, voire métaphoriques ou poétiques. C'est pourquoi travailler avec l'inconscient demande d'entrer dans un langage d'histoire de symbole, où le sens est plus important que la logique.

Lorsque nous entrons en autohypnose, cela ouvre la voie à toutes ces parties de nous, les parties conscientes pragmatiques et parfois illogiques se connectent avec les parties inconscientes, subtiles et puissantes.
C'est dans ces états-là que la communication intégrale de tout notre être, qui nous sommes, peut prendre place pour mieux s'accorder, s'aligner et intégrer totalement les prises de conscience.

«À quoi vous attendre en termes de sensation et de perception ?»

Il est possible que vous perceviez facilement des images, des idées nouvelles, ou de nouvelles sensations dans votre corps, plus agréables. Il est aussi possible que vous ayez l'impression de ne rien percevoir du tout. Et c'est tout aussi bien. Cela fonctionne tout de même. Nous avons tous des sens privilégiés pour percevoir le monde. Pour certains, ce sera la vue ou l'ouïe. Pour d'autres, ce sera l'odorat ou le mouvement.

Vous serez peut-être surpris des messages, images ou sensations que vous allez expérimenter. Ne cherchez pas à en analyser le sens. Profitez pleinement de cette expérience. Tout ce que vous vivrez pendant cette séance audio correspond à ce que vous êtes prêt.e à accueillir.

« Et si je n'arrive pas à me concentrer ? »

Aussi si vous avez l'impression d'être happé.e par vos pensées (comme votre liste de courses, ou autre !), rappelez-vous que cela est totalement normal. Votre capacité à maintenir votre attention peut s'apparenter à un muscle que vous avez besoin d'entraîner. Rappelez-vous simplement de revenir à ce que vous êtes en train d'expérimenter.

Plus vous écoutez ces séances audios, plus il sera facile pour vous d'entrer dans le processus hypnotique. Et les effets bénéfiques en seront d'autant plus amplifiés.

Mode d'emploi :

Installez-vous au calme.
Vous pouvez faire cette séance allongé.e ou assis.e.
Vous allez être guidé.e par notre voix.
Tout ce que vous avez à faire c'est vous autoriser ce temps d'écoute et de rencontre avec vous-même.

Utilisez des écouteurs pour vous plonger dans l'univers.

Contre-indications :

Les personnes souffrant de troubles dissociatifs (exemple : schizophrénie) ou d'idées suicidaires ne devraient pas écouter ces audios sans l'avis d'un hypnothérapeute.
N'écoutez qu'une séance par tirage/voire par jour.

Flashez ce QR code pour accéder aux séances audios.

LES AUDIOS

UNIVERS PROTECTION

Le besoin de se protéger peut être comparé à une écorce solide qui enveloppe notre être. Cette écorce nous permet de nous défendre contre les coups durs de la vie, tels que les rejets, les échecs, les trahisons et les déceptions.

Elle nous offre une protection sûre et fiable, nous permettant de nous sentir en sécurité et de faire face aux défis de la vie avec courage et détermination. Mais parfois, cette écorce peut devenir trop épaisse, voire trop rigide et nous empêcher de nous ouvrir aux autres, d'exprimer nos émotions et de nouer des relations profondes et significatives.

C'est pourquoi il est important de trouver un équilibre entre la protection et l'ouverture, afin de vivre pleinement et en toute confiance. C'est dans cet équilibre-là que l'on peut trouver la sérénité. Une sérénité qui peut à la fois éclairer, faire office de gardien.ne, voire nous connecter à quelque chose de plus éthérique, comme un souffle de soutien qui vient dans un autre espace-temps, à la fois de notre intérieur et de la foi que l'on peut développer dans la vie et toutes les énergies subtiles avec lesquelles nous interagissons continuellement.

À travers ces différentes cartes et cet univers, vous découvrirez différentes façons de trouver de la sérénité, de la protection et tout l'enveloppement dont vous avez sûrement besoin en ce moment.

La séance audio associée aidera les plus sensibles d'entre nous. Elle permet de retrouver une harmonie et un apaisement, vis-à-vis de sa vie intérieure mais aussi face aux agressions du monde extérieur.

LA SÉANCE AUDIO :

Flashez ce QR code pour récupérer la séance audio **Protection**.

LES AUDIOS

1. L'ÉCLAIREUSE

C'est comme si votre lumière avait été tamisée il y a longtemps. Peut-être avez-vous entendu que tel que vous êtes ce n'est pas assez, ou bien que vous êtes trop, ou bien encore qui vous êtes n'est pas approprié. Peut-être même avez-vous souffert de relations avec des personnes qui vous ont humilié ou rabaissé. Ainsi, petit à petit, vous avez diminué votre rayonnement, jusqu'à ne plus vous reconnaître entièrement.

Vous ne voyez que ce qu'il y a de mauvais en vous et vous faites tout pour être aimé.e, alors que vous

vous rejetez constamment. Vous pensez ne pas pouvoir être aimé.e pour qui vous êtes. À certains moments, le désespoir peut même vous envahir, comme si plus rien n'avait de sens.
Ne lâchez pas, car cette carte vient vous donner un message clé. Ce passage dans lequel vous êtes est un passage vers une initiation que l'on connaît depuis la nuit des temps. Car c'est en traversant les ténèbres et en les connaissant que l'on découvre la vraie lumière. Celle qui illumine au-delà de ce qu'il est possible de décrire avec de simples mots. Cette lumière d'ailleurs peut être intimidante. Non seulement elle révèle, mais elle éclaire et peut aussi dénoncer. Dénoncer l'ombre des autres, sous leurs faux-semblants.

Il est possible que vous ayez peur de ce qui pourrait se passer si vous vous autorisiez à briller de votre pleine puissance.

Cette carte vous invite à reprendre confiance et conscience de votre charisme et de l'utiliser pour générer les premières étincelles de nouvelles idées et possibilités.
La femme lumière attire à elle, telle une luciole dans la nuit. Elle montre le chemin aux âmes égarées. Elle

possède cette étincelle intérieure qui peut adoucir n'importe quelle difficulté. Sa lumière est pure et montre le chemin vers l'acceptation inconditionnelle. Elle permet de retrouver ce qui a été perdu car elle sait que beaucoup d'âmes se sont éteintes et son rôle est de les réanimer à nouveau. À tout instant, vous pouvez vous connecter à elle. Elle est l'étoile du Nord, un point de repère universel qui guide constamment et sans relâche, même durant la journée. Car même sans la voir, elle continue d'exister, présente, patiente et intarissable.
Lumineuse, elle éclaire les situations les plus sombres. Elle apporte de l'espoir, des étincelles (d'idées, de solutions, de possibilités). Vous pouvez aller puiser en elle pour vous rappeler qu'il suffit d'une bougie pour éclairer les nuits les plus sombres.

<u>Forces :</u> Source intarissable, positive, douceur, accueillante, chaleureuse

<u>Vulnérabilités :</u> Peut oublier de s'éclairer elle-même, donne trop de sa lumière, éprouve des difficultés à conserver sa propre énergie

<u>Séance à écouter :</u> Protection

2. LA GARDIENNE

Vous vous sentez peut-être vulnérable ou impuissant.e en ce moment. Qu'avez-vous arrêté de protéger ?

Vous avez cessé d'être le (la) gardien.ne de votre vie. Peut-être avez-vous laissé les autres ou la vie prendre le pouvoir sur ce qu'il y a de plus important pour vous, vous laissant ainsi à découvert, avec l'impression de ne pas pouvoir ou de ne pas avoir le droit de vous protéger.

Êtes-vous en train de protéger quelqu'un ou quelque chose coûte que coûte sans vous interroger si votre mission est juste ?

La gardienne protège des forces du mal, quelles qu'elles soient. Elle se tient droite, et semble être indestructible.

Elle veille, et utilise son hypervigilance tel un pouvoir. Elle vit pour la protection, mission dont elle se sent investie. Qu'elle protège une personne, un objet ou une valeur, la gardienne est prête à tout. Elle représente une force tranquille et protège ce qu'il y a de plus précieux. Elle reconnaît l'importance de sa mission. Même si elle n'attaque jamais, elle se défend toujours sans hésitation. Elle détient le pouvoir d'utiliser tous les éléments et sa propre magie pour garantir la sécurité et la protection. La gardienne est aussi stable qu'une forteresse.

Et si votre vulnérabilité vous demandait de rencontrer votre courage ? D'oser admettre que vous avez cessé de vous protéger du regard des autres, de l'avis des autres, ou de vous-même ? Que par facilité, vous avez fermé les yeux sur des situations injustes, que ce soit au sein de votre famille, dans le cadre du travail ou dans votre couple ?

La gardienne vous invite à vous replier, à fermer les portes, les fenêtres et ne plus laisser l'ombre vous envahir. Elle vous invite à dire non, et à être ferme sur qui vous laissez entrer ou non. Elle vous invite à activer votre voix pour vous exprimer et cela vous rendra plus respectable.

Vous pouvez utiliser l'archétype de la gardienne pour vous autoriser à développer votre capacité à vous protéger, protéger vos valeurs, vos convictions et si besoin protéger les autres.

Forces : Solide, force tranquille, stable, ancrée, confiante, elle ne fait qu'un avec sa mission qui est plus grande qu'elle

Vulnérabilités : Elle ne laisse entrer personne, obstinée, rigide, elle n'interroge pas le pourquoi de sa mission

Séance à écouter : Protection

3. LA FEMME ÉTOILE

En ce moment, tout vous touche trop intensément. Votre peau vous semble à vif, vos émotions débordent. Il est même possible que vous vous sentiez agressé.e par ce monde extérieur que vous ne reconnaissez et ne comprenez pas. Peut-être que dans toute cette intensité, vous ne parvenez plus à voir la beauté de la vie, de ces petites choses qui font les grands moments. L'intensité des ressentis lorsque vous êtes témoin d'injustices, de méchanceté, d'égoïsme est parfois tellement intense que, petit à petit, il vous arrive de vous isoler.

Pourtant, votre sensibilité exceptionnelle est une force incroyable. Elle vous permet de ressentir et de vivre de façon singulière la joie, la tendresse, l'amour et plus encore. Chaque petite chose, une note de musique, un parfum ou une lumière, peut vous transporter littéralement.

La femme étoile est l'archétype de la sensibilité et de la pureté. Elle est en parfaite harmonie avec l'univers, et ce, depuis la nuit des temps. Elle a accueilli en elle la lumière qui lui permet de rayonner et de faire briller chaque chose qui l'entoure.
La femme étoile est une amplificatrice. Face à elle, chaque chose et chaque être se voit refléter sur sa surface sa part de lumière, telles les étoiles qui viennent se refléter sur l'eau dans la nuit. Elle leur rend leur beauté originelle.

Elle s'est réconciliée avec l'ombre et vient la compléter à merveille. Rappelez-vous qu'il suffit d'une étincelle pour éclairer la nuit la plus sombre.

Elle a une puissance unique et indescriptible qui lui permet de rester dans la lumière, et dans sa sensibilité, peu importe la douleur qu'elle perçoit et ressent.

La femme étoile vient vous accompagner dans votre sensibilité pour vous apprendre à accueillir toutes les facettes de ce monde, les choses merveilleuses ainsi que les choses les plus sombres.

Elle souhaite vous apprendre à maintenir votre lumière et votre sensibilité dans les moments les plus sombres de la vie. Car vous êtes les porteurs de cette étincelle. Et le monde a besoin de vous.

La femme étoile vous invite à regarder autour de vous et à vous demander : qu'est-ce que ma sensibilité me permet de faire ? Qu'est-ce qu'elle me permet de voir ou de ressentir, que les autres ne peuvent pas expérimenter ?

Elle vous montre le chemin pour apprendre à vous protéger de l'intensité de vos émotions et sensations, tout en restant ouverte sur le monde. Toute porte qui se ferme est une porte qui s'ouvre.

Forces : Pureté, sensibilité, luminosité

Vulnérabilités : Fragilité, besoin de s'isoler pour re-
charger son énergie

Séance à écouter : Protection

4. LA MARRAINE

Vous avez sans doute besoin de vous faire cocooner en ce moment. De vous sentir protégé.e et que l'on vous aide à prendre des décisions. C'est sans doute une période où vous aimeriez redevenir enfant et profiter des loyaux services de votre marraine ou de votre ange gardien. Vous aimeriez bien pouvoir vous adresser à quelqu'un qui puisse agir à votre place, quitte à perdre votre sens des responsabilités. Vous êtes peut-être aussi en proie à des problèmes ou des situations dans lesquelles vous avez besoin de recevoir de l'affection et de la protection.

La marraine est celle qui réalise tous les vœux et qui est prête à s'amuser avec son protégé. Elle est une figure repère, parfois rigide ou dans le contrôle.

La marraine autorise, protège et crée des moments inoubliables qui ne peuvent ressembler à aucun autre. La marraine peut créer tout un monde dans lequel vous réfugier.

Il est parfois difficile de trouver le juste équilibre entre le contrôle et la fuite. Entre l'adulte et l'enfant en nous. On peut avoir besoin de se rebeller et de se laisser vivre au gré de ses désirs. La marraine vous permet d'écouter cette partie de vous qui se laisse porter par le flot, l'inspiration, le besoin de profiter de tous les plaisirs de la vie sans vous soucier du lendemain.

Elle permet cela tout en protégeant vos arrières.

Néanmoins, la marraine vous invite également à reprendre le contrôle de votre vie. Elle vous rappelle qu'elle est là si vous avez besoin d'elle, toujours.

Mais elle vous rappelle aussi que vous pouvez poursuivre votre chemin de manière responsable. La marraine n'est pas une sauveuse, son appui est ponctuel en fonction des besoins de son ou sa protégé.e.

Cette carte vous invite à regarder les aspects de votre vie que vous avez délaissés. De toutes les occasions au cours desquelles vous avez remis votre vie entre les mains de quelqu'un d'autre. Peut-être même que cette carte vous invite à regarder autour de vous : qui décide pour vous ?

La protection ne réside pas dans le fait de se remettre à autrui, mais de s'appuyer sur cette épaule rassurante. Vous n'avez pas besoin d'attendre d'être sauvé.e. Vous n'avez pas besoin de passer votre vie reposée sur votre roc. Vous êtes le roc.

Forces : Écoute, soutien ponctuel, solidaire

Vulnérabilités : Manque d'objectivité

Séance à écouter : Protection

UNIVERS EMPOUVOIREMENT

L'empouvoirement va au-delà de la confiance en soi. C'est ce qui nous permet de nous sentir dignes d'agir et nous rend capables d'assumer nos décisions, actes et paroles. C'est ce qui nous permet de ressentir l'élan, la puissance et le positionnement de notre véritable identité.

L'empouvoirement est comme une montagne majestueuse qui s'élève fièrement dans le ciel bleu. Tout comme la montagne, l'empouvoirement peut sembler imposant et intimidant, mais une fois que nous atteignons son sommet, nous nous sentons forts et invincibles.

Nous sommes alors capables de voir le monde d'un

nouveau point de vue, avec une vision claire et éclairée. Nous sommes libérés des fardeaux qui nous ont retenus en arrière, et nous sommes prêts à affronter tous les défis qui se présentent à nous.

Comme la montagne, l'empouvoirement est un symbole de force tranquille, de persévérance et de courage, qui inspire ceux qui le cherchent pour atteindre de nouveaux sommets et réaliser leurs rêves les plus chers.

De l'archétype de la reine du roi qui commande, en passant par l'écrivain.e qui ose mettre sur papier les vérités, à l'aventurier.ère qui s'autorise à explorer les paysages « de l'interdit », découvrez à travers ces cartes toutes les facettes et subtilités de l'empouvoirement.

Ces cartes vous remettent face à vos responsabilités et vous insufflent la force nécessaire pour vous positionner, faire des choix, vous affirmer.

Laissez les messages de ces cartes s'infuser dans votre inconscient pour prendre votre place dans ce monde.

La séance audio **d'empouvoirement** vous permettra de relancer votre feu intérieur pour vous permettre d'avancer. Vous pourrez alors vous sentir solide. Ancré.e. Fort.e. Capable de faire les changements nécessaires à votre croissance.

LA SÉANCE AUDIO :

Flashez ce QR code pour récupérer la séance audio **Empouvoirement**.

LES AUDIOS

5. LA FEMME SAUVAGE

Vous vous ennuyez, certainement. Vous êtes rentré.e dans le rang. Vous rêvez d'une autre vie, mais cela vous effraie de vivre autrement. Vous vous sentez fatigué.e de la routine, et avez peut-être perdu le goût et la passion de faire les choses. Tout vous agace, parce que vous êtes déçu.e, insatisfait.e, et vous n'en pouvez plus de tout garder pour vous.

Il est aussi possible que votre impulsivité, sous couvert de spontanéité, ait pu vous jouer quelques tours. Cette carte est une invitation à transformer l'impulsivité en une voie profonde d'exploration d'accueil de votre instinct.

Il est possible qu'aujourd'hui, vous ressentiez plus que jamais un besoin d'exprimer votre individualité, quitte à tout rejeter, la société, ses normes, même celles qui sont bonnes pour vous.

Intrépide, audacieuse, la femme sauvage est l'incarnation de la nature féminine pure, indomptée et indomptable. Elle trouve sa force dans la nature et l'élément Terre. Elle est profondément connectée à la vie et aux pulsions de la vie. Il se dégage d'elle une impression de puissance et de force. Libre et indépendante, elle sait pourtant respecter les lois de la nature et s'appuie sur elles, en fait des alliées plutôt que des ennemis à combattre.

Cette carte vous invite à vous reconnecter à l'élément Terre, de ressentir le noyau ainsi que votre connexion à cette partie de notre monde qui est incontrôlable. Vous avez besoin de vous écouter et de n'en faire qu'à votre tête, mais sans perdre la tête !

Cette carte vous autorise à être et à faire ce qui vous semble bon pour vous. À laisser vos instincts guider vos intuitions. Si vous hésitez ou ne savez pas, elle peut autoriser l'impulsion de l'énergie de vie de remonter en vous et de vous ancrer. Même si ce n'est pas ce que vous aviez prévu. Parfois ce dont on a besoin est l'opposé de ce dont on a envie.

Un autre aspect de cette carte est qu'elle vous invite à vous entourer de femmes semblables car ensemble vous détenez la connaissance du monde. Rappelez-vous ceci : « J'ai en moi tout ce dont j'ai besoin si je l'autorise à s'exprimer ».

Forces : Indépendance, audace, force, libre, instinctive

Vulnérabilités : Attention à l'impulsivité. Difficultés à s'intégrer ou à répondre aux normes d'un groupe ou d'une société. Besoin de souplesse et de flexibilité

Séance à écouter : Empouvoirement

6. *LA CAVALIÈRE*

Aujourd'hui, vous avez l'impression de partir dans tous les sens. Vous ne savez pas ce que vous voulez mais vous êtes conscient.e de ce que vous ne voulez plus.

Vous avez un besoin intense de libération et vous seriez prêt.e à tout envoyer balader, quitte à renoncer à votre nature profonde et à vos responsabilités. Alors, vous tentez peut-être différentes choses, sans queue ni tête, en espérant trouver votre voie. Vous avez besoin que les choses changent, et vite. Et cela crée un étrange effet de brassage. Vous vous agitez, mentalement, nerveusement, physiquement peut-être jusqu'à vous épuiser pour inéluctablement rester sur place dans la flaque du regret, du doute et de la frustration.

Vous avez peut-être besoin d'entendre la libération comme une succession d'étapes. La structure peut vous aider à dépasser les obstacles. Peut-être avez-vous justement besoin de sauter les obstacles que la vie vous propose aujourd'hui.

Cette carte vous rappelle qu'un équilibre entre s'agiter (l'impulsivité) et se canaliser (la structure) est possible et nécessaire.

La cavalière, énergique et confiante, est toujours prête à relever le défi.
Elle est libre, elle dirige, elle va, elle maîtrise. Elle a peut-être une mission, peut-être une intuition… Elle a appris à faire attention à son impulsivité. Le rythme de sa course folle a tendance à l'enivrer et, par le passé, cela l'a fait dérailler et tout perdre. Depuis, la cavalière contrôle et prend sa place dans ce monde.

Elle tient les rênes de l'impulsivité et de la structure car l'une a besoin de l'autre.

Si elle n'était que dans la structure, le protocole, elle avancerait machinalement, mais ce serait une aventure stérile.

En revanche, si elle n'était que dans l'impulsivité, elle n'arriverait pas à avancer et à grandir. C'est elle qui décide de la proportionnalité de ses deux forces à chaque pas. Elle adapte le rythme, la direction, et l'intensité de sa course.

Son but ultime est d'arriver à la destination qu'elle a choisie tout en maîtrisant les forces de vie qu'elle chevauche. Elle prend goût à cette épopée qui la fait se sentir vivante. Elle a besoin d'aventure et d'objectifs. Sans objectifs, elle ne ferait que partir dans tous les sens. Elle va de quête en quête avec ténacité.

Elle vous donne force et courage et peut vous aider à clarifier les différents points d'étapes de votre itinéraire pour arriver à votre destination. Vous pouvez avoir la vie dont vous rêvez et être plus aligné.e sans avoir besoin de détruire tout ce à quoi vous tenez.

Forces: Indépendance, courage, sait où elle va, déterminée, capable de prendre des décisions et de s'y tenir

Vulnérabilités: Ne sait pas se poser, peut avoir de la peine à partager sa course en compagnie de quelqu'un d'autre, insatiable dans sa soif d'aventure

Séance à écouter: Empouvoirement

7. LA REBELLE

Vous vous sentez enfermé.e dans un carcan d'attente ou d'idéaux. Vous avez peut-être l'impression qu'on essaie de vous forcer la main. Alors que vous vivez votre vie, cette pression qui, parfois, devient une forme d'oppression revient vous titiller. Il vous arrive d'avoir envie de tout envoyer balader. Peut-être aimeriez-vous partir loin, loin d'ici. Vos responsabilités vous semblent peser lourd. Une voix vous rappelle, à chaque fois que vous vous imagi-

nez partir, que vous n'en avez pas le droit. Car vous n'êtes pas seul.e, on compte sur vous. Cette carte vous invite à vous autoriser à sortir de toutes les exigences : celles que les autres ont envers vous et celles que vous vous imposez.
Elle met cependant une nuance: sortir des exigences ne veut pas dire faillir à ses responsabilités. Il s'agit plutôt ici de vous autoriser à investiguer s'il y a d'autres manières que celles attendues par la société, à remplir vos responsabilités. Elle vous invite à vous poser la question suivante: de quoi êtes-vous réellement responsable?

Parfois, notre sens de la responsabilité se fait influencer par les croyances et les attentes de notre environnement. Vous n'êtes pas responsable de conforter les attentes de vos proches si cela est faux.

La seule solution n'est pas non plus celle de se conformer, ni de rester coûte que coûte dans un cadre qui vous étouffe.

Qu'elle soit pirate ou aventurière, la carte de la rebelle vous invite à entrer dans votre audace et à oser. Oser casser les codes, oser écouter et d'acter vos désirs. Même si se rebeller demande une impulsion, vous pouvez prendre le temps de canaliser et orienter cette impulsion. Il s'agit d'avoir le courage de défendre ses idées, ses besoins et ses désirs. Cela demande parfois de sortir de sa zone de confort et de découvrir des terres inconnues.

La rebelle est une femme audacieuse et créative par excellence. Celle qui vogue et qui profite aussi des opportunités que la vie lui présente. Elle s'en fiche de ce qui est juste ou faux, elle crée ses propres règles du jeu. Elle crée un monde où tout est possible. Où sa liberté est sa priorité.

La rebelle n'a pas peur d'être exclue pour qui elle est, ni pour ses convictions. Elle avance en prenant le risque de déplaire, et ne lâche rien à son combat. Elle vous invite à croire en vous, en vos idéaux, et à continuer d'avancer dans un sens qui vous respecte profondément.

Cette carte est une invitation à vous laisser porter par l'audace de la rebelle.

Forces : Audacieuse, créative, sait créer des opportunités

<u>Vulnérabilités:</u> Peut-être un peu tête brûlée. Peut parfois sortir trop du cadre et se perdre ainsi que les autres en cours de route

<u>Séance à écouter:</u> Empouvoirement

8. LA PRINCESSE

Vous avez tout pour être heureux.se et pourtant quelque chose manque. Vous devriez être dans la gratitude, mais une partie de vous s'efface de jour en jour. L'oppression du poids des apparences, des responsabilités... Vous attendez d'être sauvé.e.

Il est possible que lorsque vous ressentez le besoin de vous protéger, vous vous enfermiez dans votre tour d'apparence.

Là où vous vous sentez en sécurité et pensez être inatteignable, vous vivez pourtant d'intenses émotions qui ne demandent qu'à être partagées. Mais vous ne savez pas ou plus comment les partager authentiquement. À ce moment-là, vous pouvez vous retrouver en crise, et vos besoins sont transformés en caprices.

Vous avez peut-être besoin de renouer le contact avec le monde extérieur, un monde qui peut aussi offrir sécurité et chaleur. Attention à ne pas devenir votre propre geôlier.ère. Conservez la clé en lieu sûr et où vous vous souviendrez de l'avoir mise.
La réalité extérieure peut être aussi belle que la vôtre. Il existe d'autres manières de voir et de percevoir le monde. Ne vous enfermez pas dans votre tête.

La princesse, ornée de son plus beau diadème, prend la pose. Elle apparaît sous sa plus belle apparence. Ornée de ses bijoux, de sa robe digne des plus beaux royaumes, sa prestance est sans commune mesure. Son univers la rassure, elle maîtrise complètement sa vie, ses sujets. Son chemin est tout tracé : un doux mélange de candeur et du poids des responsabilités.

La fraîcheur de sa posture et de ses idées fait d'elle une compagnie agréable. Néanmoins, ne la piquez pas, sa décision pourrait être irrémédiable. Elle sait qu'elle a des droits et des privilèges, ce qui l'autorise et lui permet de dire ce qu'elle pense réellement.

Vous pouvez utiliser l'énergie de la princesse pour vous rappeler que, vous aussi, vous avez des droits, des privilèges et que vous pouvez créer votre propre réalité, si vous sortez de votre château ou de votre cage dorée. La princesse, en acceptant d'aller à la rencontre des autres habitants du royaume, peut faire des découvertes qui lui permettront de changer sa destinée, ainsi que la leur.

Forces: Connaît sa valeur, sophistiquée, responsable

Vulnérabilités: Précieuse et capricieuse, elle peut s'enfermer ou se sentir enfermée

Séance à écouter: Empouvoirement

9. *LA MAGICIENNE*

En ce moment, peut-être que les choses vous semblent bien routinières. Boulot, métro, dodo. Votre vie semble manquer de saveur à vos yeux. Vous vous ennuyez peut-être et avez oublié que vous êtes responsable du chemin que vous prenez. Vous ne créez plus et vous vous reposez sur vos acquis. Vous vous êtes endormi.e. Et la routine a ce côté si rassurant, un peu comme un doudou que l'on connaît bien.

Aujourd'hui, vous ressentez que vous avez besoin de quelque chose de nouveau et de réintégrer la magie (l'âme agit) dans votre vie, afin que votre âme agisse et crée autre chose.

Cette carte vous invite à plonger au cœur de vous-même, de votre nature profonde. Elle vous rappelle que vous avez oublié que vous aviez déjà tout en vous. Les solutions, les ressources, les compétences, et la sagesse. Elle vous rappelle que vous avez le pouvoir de tout créer. Que vous avez cette magie en force, laquelle ne s'éteint jamais, pour peu que vous laissiez cette partie de vous exister. Il s'agit parfois de reconnaître ses grandes blessures, sa part sombre, pour pouvoir créer la lumière dans sa vie. La magicienne, c'est aussi « l'âme agit sienne ».

Cette carte vous rappelle que votre part créative a besoin de place et d'une étincelle. Prenez le temps d'accueillir ce qui vous aide à activer votre magie : une marche au grand air, peindre, rire avec les enfants, méditer, bouger… Vous avez votre façon bien à vous d'activer cette magie. En l'appelant et en vous y reconnectant, vous pourrez métamorphoser tout ce qui vous fait souffrir en ce moment, ou ce qui a besoin d'être transformé. Faites confiance à votre don incroyable, cette petite voix en vous qui sait. Vous pourrez ainsi retrouver votre âme d'enfant.

Il ne s'agit pas d'expliquer comment on fait les choses, mais de les faire, de les vivre, de les expérimenter ! La magicienne arrive à créer tout ce qu'elle désire sans vraiment comprendre comment elle y est arrivée. Elle manifeste les choses dans sa vie. Et c'est bien là que l'âme agit, en toute magie.

La magicienne possède un grand pouvoir intérieur. Aussi grand que son intuition. Elle sait être à l'écoute de la nature, des cycles du monde, des autres. Elle est créative.

Connectez-vous à votre puissance pour créer la magie dans tout ce que vous vivez.

Forces : Créative, intuitive, grand pouvoir intérieur

Vulnérabilités : Doute de ses dons, manque de contrôle

Séance à écouter : Empouvoirement

10. L'IMPÉRATRICE

En ce moment, vous vous sentez bien petit.e face aux autres et dans l'univers. Vous esquivez les batailles, vous fuyez les conflits. Vous ne croyez plus au pouvoir féminin qui réside en chacun de nous. Vous êtes là dans le monde, peut-être effacé.e. Il vous arrive même de vous sentir parfois transparent.e. Pourtant, vous avez de grands rêves et de grandes aspirations. Peut-être même que vous vous imaginez parfois accomplir de grandes choses. Mais le doute vous rattrape : qui êtes-vous pour rêver ? En serez-vous capable ?

L'impératrice représente le plus haut degré d'empouvoirement. Elle est connectée aux richesses visibles du monde et à ses richesses invisibles. L'impé ratrice utilise sa vision et son influence pour protéger et guider son peuple.

L'impératrice apparaît pour vous rappeler de prendre conscience de votre pouvoir et de l'influence que vous pouvez exercer sur votre entourage. Les femmes de pouvoir ont marqué l'histoire : Cléopâtre VII, Wu Zetian, l'impératrice Victoria... Tantôt cruelles et redoutées, tantôt aimées et respectées, les impératrices du passé ont prouvé qu'une femme peut non seulement gouverner comme un homme, mais qu'elles peuvent faire bien plus encore.

Face à la reine, à sa grande puissance, il est difficile d'ignorer toutes nos failles. Elle reflète nos plus grandes vulnérabilités. Elle vous invite à prendre place dans le monde et à reconnaître que vous aussi, vous pouvez marquer l'histoire : la vôtre, celle de vos proches et peut-être bien plus encore.

Si vous tirez cette carte, il est possible que vous vous sentiez soumis.e ou non considéré.e. La carte vous invite à vous reconnaître vous-même et à entrer à nouveau dans votre pouvoir personnel.

Il est possible que l'oracle vous invite à ajuster votre influence. La ligne entre l'influence et la dominance est fine. Cette carte vous encourage à vous connecter aux autres, vos proches, vos enfants, votre partenaire de vie en créant un espace de dialogue et de respect. Respect et honnêteté sont nécessaires, de même que beaucoup d'empathie, pour bien comprendre ce que chacun vit.
Il est temps de s'ouvrir l'un à l'autre, d'exprimer ce qui ne va pas et de faire son maximum pour comprendre la position de l'autre.

Forces: Empouvoirement, vision, influente, respectée

Vulnérabilités: Peut être dominante, impressionnante, obstinée

Séance à écouter: Empouvoirement

11. LA REINE NOIRE

En ce moment, vous êtes victime de la vie. Peut-être que quelque chose de grave s'est produit. Vous avez la sensation que rien ne va, et que ça ne sera jamais plus comme avant. C'est la loi des séries. Le chaos. Tout s'effondre pour vous et vous avez l'impression de ne plus avoir aucune emprise sur votre vie. Peut-être que parfois vous avez envie de baisser les bras. Après tout, à quoi bon ? Et puis, tout ça, c'est une histoire de pas de chance, de Karma. La vie vous en veut, et vous ne pouvez rien y faire. C'est la faute des autres, de la vie, de l'univers tout entier. Et vous semblez avoir perdu espoir et ne plus croire en votre capacité à résoudre vos problèmes. Vous vous sentez coupable de tout.

La reine noire est une femme toute-puissante. Quand on la regarde, on voit l'orage, les éclairs et la tempête autour d'elle. C'est d'ailleurs difficile de la regarder en face. On ose à peine la regarder dans les yeux, de peur de périr sous son regard fulminant, qui nous transperce par sa rage, sa colère.
La reine noire détruit tout sur son passage. Elle semble même s'ériger sur le désespoir, le néant, la noirceur. Personne n'aimerait se tenir en face d'elle et lui tenir tête.

Et pourtant, aujourd'hui la reine noire a quelque chose de puissant à vous enseigner. Elle vous rappelle que même dans le chaos, la seule erreur que l'on puisse faire serait d'abandonner. Elle vous rappelle à quel point on peut trouver la force de régner sur sa vie.

Elle vous invite à vous connecter à votre colère, à votre rage, peut-être même à votre rage de vivre.

Alors, de quoi êtes-vous en colère? Qu'est-ce qui nourrit en ce moment votre rage? Cette énergie peut faire peur. On pourrait vouloir la faire taire. Et pourtant, la reine noire vous invite à enfin la libérer.

C'est en libérant ce qu'il y a de plus sombre et de plus intense que vous pourrez retrouver qui vous êtes, et l'envie d'avancer. Tel un orage qui éclate, celui-ci permet à l'atmosphère de retrouver sa lumière. Cette rage peut se transformer en lumière dorée (orrage).

Accueillez ce tourbillon, cette tornade puissante, car elle nettoie tout ce qui a besoin d'être nettoyé pour vous. Il est difficile de le voir quand on se situe au cœur de la tempête. Il n'est pas aisé de voir tout s'envoler. Et pourtant, quand le calme revient, on voit que tout ce qui était inutile a été emporté par la tempête.

Il ne reste que l'essentiel, ce qui a besoin d'être reconstruit.

Alors, maintenant, qu'allez-vous (re)construire?

Forces: Puissante, indépendante, intransigeante

Vulnérabilités: Incontrôlable, écrasante

Séance à écouter: Empouvoirement

12. L'ÉCRIVAINE

Si vous regardiez votre vie à travers les yeux de quelqu'un d'autre, il est possible que vous vous demandiez à qui cette vie appartient. Le temps depuis votre tendre enfance a déroulé son long chemin. C'est un long passage sur lequel vous avez cheminé parfois en conscience, mais peut-être trop souvent en absence. Aujourd'hui, vous avez l'impression que votre histoire ne vous appartient pas, comme si vous étiez en train de lire un scénario, tout en vous demandant qui en est l'auteur et s'il n'y a pas erreur de casting.

Vous vous sentez un peu comme une marionnette qui n'aurait jamais pu décider de ses propres mouvements, mais il est temps de vous rendre compte et d'accepter que vous êtes à la fois la marionnette et la marionnettiste. L'écrivaine est l'auteure de sa vie. Elle est celle qui donne le sens aux mots (aux maux). Ils s'assemblent pour former des histoires. C'est en créant qu'elle reprend le pouvoir sur le cours des choses. Qui mieux que l'écrivaine peut savoir le dénouement de l'histoire qu'elle est en train d'écrire ?

C'est en pleine conscience que l'écrivaine n'écrit plus en vain. Ses mots percutent et touchent son audience. Il n'y a que comme cela que son message peut être reçu. Cette carte vous invite à prendre 100 % de la responsabilité du scénario de votre vie et à le conscientiser. Vous pouvez aujourd'hui quitter le rôle de figurant.e pour assumer pleinement votre capacité à écrire l'histoire. Vous êtes l'histoire.

L'écrivaine porte cette rigueur, quoi qu'il advienne de sa journée : elle écrit. Elle décide qui sera le personnage principal, quelles aventures seront vécues et si la fin sera heureuse ou non.

Vous avez le droit de décider de la place que vous accorderez aux personnes qui vous entourent. Vous avez le pouvoir de créer le temps, le succès et l'amour. Vous avez l'espace pour raturer, pour vous tromper et pour réécrire de façon plus juste pour vous. Vous pouvez même vous autoriser à rêver puisque, lorsqu'on écrit, tout devient possible.

Forces : Créative, rigoureuse, responsable

Vulnérabilités : Dans son monde, a besoin d'être en pleine conscience, besoin d'ancrage

Séance à écouter : Empouvoirement

UNIVERS COMBAT

La vie peut être pleine de défis qui semblent insurmontables. Cependant, les éviter ne fait que nous immobiliser, plutôt que d'avoir un jour le courage de les affronter.

Parfois, il est nécessaire de se battre plutôt que d'ignorer. Nous avons alors à notre disposition différentes armes : la parole, les actions, l'intellect, le soutien des autres. Il suffit de trouver le courage d'affronter, de faire face.

Le combat peut être mené avec force ou élégance, mais dans tous les cas, il peut être honorable, surtout lorsqu'il s'agit de défendre ce qui est le plus précieux.

Se battre est comme escalader une montagne difficile. Les pentes peuvent sembler raides et les obstacles insurmontables, mais chaque pas que nous faisons nous rapproche un peu plus du sommet. Et lorsque nous atteignons enfin ce sommet, la vue est à couper le souffle et la récompense en vaut vraiment la peine. Nous apprenons et grandissons à chaque pas, et nous sommes plus forts pour affronter les défis futurs. Alors, prenez une profonde respiration, prenez votre courage à deux mains et continuez à vous battre, car cela en vaut vraiment la peine.

Plusieurs styles de combat peuvent exister, de l'espionne qui voit tout et récolte silencieusement toutes les informations, à l'adolescente qui se rebelle et qui affirme son désaccord, en passant par la guerrière qui va efficacement au front. Où la fée et la juge peuvent venir vous ouvrir les yeux et le cœur à des formes de justice plus hautes que l'intérêt. Ainsi que la femme de feu qui sait quand il est temps de tout détruire.

Ces différents archétypes vous enseignent l'art du combat : où a-t-il du sens ? Quelle est votre meilleure arme ? Sur quelles forces vous appuyez-vous ?

La séance audio dédiée au ***combat*** vous permettra de chasser vos doutes et de vous tenir droit.e face à votre adversaire, quel qu'il soit : imaginaire, vous-même, les épreuves de la vie. Et nous avons tous le droit de nous défendre et de nous protéger.

LA SÉANCE AUDIO :

Flashez ce QR code pour récupérer la séance audio **Combat**.

LES AUDIOS

13. LA GUERRIÈRE

Peut-être qu'en ce moment, vous avez envie d'abandonner et que tout semble perdu d'avance. Vous regardez votre vie et vous avez envie de baisser les bras, comme si vous ne pouviez de toute façon rien changer.

La guerrière se présente à vous pour vous rappeler que chacun.e d'entre nous possède cette force intérieure de se battre pour ce qui est important pour

soi. La guerrière peut s'enclencher à n'importe quel moment de votre vie. Peut-être faites-vous face à une situation qui vous pousse dans vos retranchements. La guerrière est là pour vous rappeler que vous avez en vous la force et le courage nécessaire pour faire face à n'importe quelle situation. Elle vous rappelle que vous êtes le (la) gardien.ne de votre dignité, de vos rêves et de vos principes.
Néanmoins, n'oubliez pas qu'il est possible de créer des alliances pour vous aider à accomplir ce qui est juste pour vous et pour les autres.

La guerrière puise en elle une force inépuisable pour mener à bien les combats qui lui semblent justes. Elle est déterminée à se protéger et à protéger les autres. Même si les autres ne comprennent pas pourquoi elle se bat ou continue de se battre, celle-ci ne lâche rien.

Elle aura peut-être parfois besoin de se reposer. Son plus grand défi est d'arrêter de confondre le repos avec l'abandon. Elle pourrait s'épuiser ou être blessée à force de combattre. Parfois, elle a l'impression d'être seule à se battre mais elle se rappelle que des allié.es insoupçonné.es peuvent être trouvé.es du moment qu'elle demande de l'aide et du soutien.

Vous pouvez utiliser l'archétype de la guerrière pour puiser force, courage et persévérance.

Forces: Courageuse, endurante, déterminée, indépendante

Vulnérabilités: A de la peine à s'arrêter. Parfois impatiente, elle préfère partir seule plutôt que d'attendre ses compagnons. Elle doit apprendre à travailler en équipe et ne pas hésiter à demander de l'aide

Séance à écouter: Combat

14. LA FEMME DE FEU

Par peur du conflit ou de l'abandon, vous gardez peut-être pour vous tout ce avec quoi vous n'êtes pas d'accord. Vos limites ont peut-être été dépassées et pourtant vous ne dites rien.

Quand avez-vous commencé à vous trahir ? Depuis combien de temps vous taisez-vous ? Depuis quand la colère vous envoie-t-elle tous ces signaux ardents ? En avez-vous seulement conscience ou êtes-

vous habité.e par une colère froide ?
La colère peut être un puissant moteur, si l'on se place à l'écoute de ce qu'elle a à nous dire. Quelle en est sa source ?

Cette carte vous invite à être à l'écoute de ce qui est en train de bouillir à l'intérieur de vous. Quelque chose est là pour vous pousser à écouter et à ressentir et vous le taisez.

Le feu est le seul élément que l'on ne peut pas polluer. Ce qui en fait un excellent mécanisme de protection, s'il est utilisé à bon escient. Cette colère vous permet peut-être d'assainir votre intérieur en refusant d'accepter et d'intégrer ce qui vous est inacceptable et inutile. Attention de ne pas la laisser vous brûler et détruire tout ce que vous aimez.

De la même manière que l'agriculteur fait brûler les champs pour préparer la terre et la rendre plus fertile, la femme de feu vient détruire, purifier et catalyser pour permettre un renouveau.

La femme de feu est puissante, elle paraît indestructible. Elle peut faire peur autant qu'elle rassure. Il est parfois bon d'avoir une femme de feu à ses côtés qui nous donne l'énergie de se mettre en action pour faire respecter ses besoins et ses désirs. Elle pose des limites, elle détruit ce qui est mauvais ou ce dont elle n'a plus besoin. Elle agit. Elle fait de sa colère un moteur pour transformer sa réalité et préparer le futur.

Attention, la femme de feu est une femme qui mène des combats. Parfois, c'est sa colère qui la dirige, et c'est un esprit de vengeance qui l'anime. À ce moment-là, elle peut confondre sa mission sacrée avec son envie de tout massacrer.

Forces : Force rare, instinctive, elle ose rétablir l'équilibre en utilisant des méthodes radicales

Vulnérabilités : Impulsivité, esprit de vengeance, rancunière

Séance à écouter : Combat

15. LA FÉE

Peut-être ressentez-vous la culpabilité et le décalage de ne pas être comme les autres ? Ce décalage est subtil. Si on regarde les choses superficiellement, vous êtes comme les autres. Et pourtant, ce sont dans les nuances que votre différence se fait ressentir. Peut-être êtes-vous plus sensible à l'environnement et aux royaumes de la nature. Une partie de vous aime faire plaisir, et en même temps une autre partie refuse de le faire si cela vous semble injuste ou allant contre votre intérêt.

Vous vous sentez vulnérable en ce moment. Vous appelez peut-être même l'univers pour qu'il vous apporte son soutien et sa protection. Peut-être priez-vous, quelle que soit la forme de votre prière, car vos souhaits aujourd'hui sont importants.

La fée est cet être profondément connecté à l'invisible qui perçoit tout. Elle peut parfois se sentir isolée tant elle ressent et perçoit le monde comme personne d'autre le peut. Elle ressent le besoin de protéger et défendre ce qui a besoin d'être en harmonie avec les cycles de la nature depuis la nuit des temps. Son sens de la justice est intimement lié aux besoins de son environnement et à la protection de celui-ci.

Ce qui est important pour la fée est différent de ce qui est important pour le reste du monde. Parfois, les intérêts sont en commun, parfois non. Elle peut à la fois rendre service, aider mais aussi trahir et abandonner celui ou celle qui demande son aide. Elle vous invite à accepter votre ambivalence. Parfois, vous pouvez dire oui, parfois, vous pouvez dire non et c'est OK.

La fée vous propose d'être à l'écoute des messages subtils que vous pouvez percevoir en vous connectant à sa magie. Elle peut être symbole de lumière et apporter l'espoir avec elle comme elle peut être la messagère d'événements plus sombres. Elle sait vous dire là où vous avez péché et où vous avez besoin de rectifier, pour vous améliorer. Elle vous invite également à vous plonger et à vous reconnecter à votre mission de vie, à votre pourquoi. Quel sens avez-vous besoin de donner en ce moment à votre volonté ? La fée est un être foncièrement farceur et taquin. Elle vous invite à rire et à vous amuser de tout, même de vous-même.

Forces : Hypersensible, légère, pétillante

Vulnérabilités : Indécise, manque de loyauté, ambivalente

Séance à écouter : Combat

16. LA JUGE

En ce moment, vous avez bien du mal à vous décider. Dès que vous voulez faire un choix, vous voyez ses inconvénients. Et vous avez ainsi tendance à rester dans une zone de non-choix. Vous avez peut-être l'impression de vous trouver dans l'ambivalence, comme quand on veut perdre du poids sans modifier quoi que ce soit à son hygiène de vie. C'est peut-être aussi difficile pour vous en ce moment de vous faire une opinion sur un projet, une idée ou une personne. Vous avez du mal à arrêter de gamberger et à vous décider.

Il est aussi possible qu'en ce moment, vous vivez un sentiment d'injustice intense qui vous génère une grande colère envers ce monde, envers les autres ou la vie. Attention à ne pas laisser la colère vous cristalliser et vous immobiliser sur l'injustice perçue. Car pour créer un monde juste, il faut constamment le rééquilibrer. Et ce retour à l'équilibre se fait par le mouvement et le repositionnement.
Les lois sont aussi quelque chose de mouvant. Elles dépendent de l'environnement, de conditions extérieures, et des règles préétablies. Même les plus grandes lois s'ajustent en fonction du temps et de l'évolution de la société.

La juge a une approche factuelle des événements. Avant de prendre sa décision, elle analyse les différentes parties et paramètres. Elle ne demande pas la permission ou l'opinion à autrui. Avec sagesse, elle décide, informe et impose au monde extérieur sa vision et ses choix. Son positionnement oblige l'environnement à intégrer sa régulation de la situation.

Elle tient dans une main une épée qui tranche dans

le but de maintenir l'équilibre de la balance universelle. Au-delà des émotions, envies, agendas et besoins personnels, elle applique son impartialité afin de maintenir cohérence et coexistence pour le plus grand bien de tous les êtres vivants.

La juge est sûre d'elle, elle ne transige pas. Elle observe, réfléchit et prend position. Sa décision est d'ailleurs intangible. Ni rien, ni personne ne peut la faire douter. Incorruptible, les démonstrations de puissance et les tentatives de manipulation ne font que renforcer son objectivité.

Cette carte vous invite à faire confiance à cette partie de vous qui sait décider. Peut-être qu'elle peut aussi vous reconnecter à cette partie de vous qui est « leader » qui sait prendre position pour grandir, et évoluer.

La juge rappelle que tout arrive pour le juste équilibre des choses, même quand cela semble injuste. Elle rétablit l'ordre des choses de par ses décisions. C'est une harmonisatrice de la vie de famille, de la vie en société et de la relation que vous entretenez avec vous-même. Dans quels domaines de votre vie devez-vous vous affirmer ?

Forces: Stabilité, incorruptible, décisionnaire, factuelle, se positionne

Vulnérabilités: Rigidité, intransigeance, coupée de ses émotions

Séance à écouter: Combat

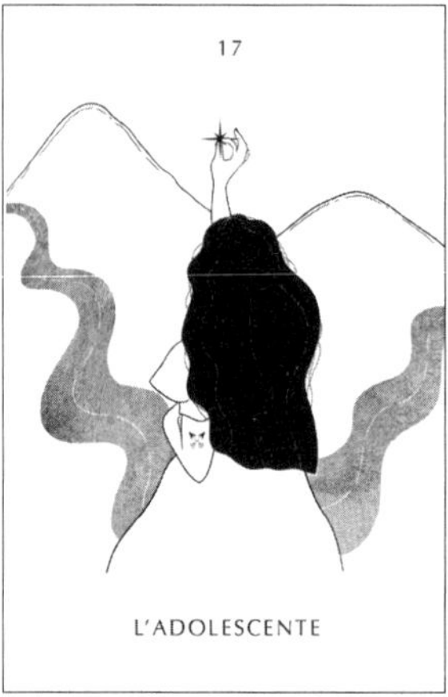

17. L'ADOLESCENTE

Vous êtes un être profondément gentil. C'est d'ailleurs le premier adjectif que l'on utilise quand on vous présente. Ce que l'on dit de vous c'est que vous êtes adorable. Toujours prêt.e à aider, à donner un coup de main et à vous montrer solidaire. Voici les valeurs qui vous animent. Prendre soin de vos proches, vos amis, vos collègues est une manière pour vous de trouver votre place au sein de la société.

Cela peut être parfois difficile de tenir cette place de « trop » gentil(le). Vous pouvez ne pas voir le mal venir, puisque vous être concentré.e sur le meilleur de chacun.e. Peut-être vous a-t-on transmis également le sens du sacrifice. Si l'avion dans lequel vous voyagez venait à se dépressuriser, vous seriez bien le (la) dernier.ère à porter votre masque, préférant installer tout le monde en sécurité. Vous pourriez donner plus que ce que vous avez. Vous vous soumettez aux autres sans oser prendre la parole ou faire valoir votre opinion. Et vous pensez que c'est sûrement la seule manière d'être aimé.e ou apprécié.e, alors qu'en vous libérant des poids du passé et de l'avis des autres, vous trouveriez votre pleine authenticité.

C'est en accueillant cette partie de vous que vous n'en recevrez que d'autant plus l'amour vrai. Vous attendez que l'amour et la sécurité viennent des autres et du monde extérieur et cela commence à avoir des conséquences sur votre bien-être mental et émotionnel. Vous n'osez pas dire non par peur de passer pour quelqu'un de méchant. Vous confondez aujourd'hui rendre service avec le fait d'être au service.

L'adolescente vient vous donner le courage de vous

rebeller et d'oser dire non.
Elle vient déstructurer ce qu'elle a appris afin de pouvoir choisir ce qu'elle veut garder. Son processus est le suivant : elle analyse toutes les croyances et perceptions qui lui ont été transmises. Son but est de garder ce qui lui permet d'exprimer son individualité. Instinctivement, elle sait qu'elle a le droit d'être différente, unique. Sa rébellion silencieuse ou visible est son véhicule d'expression.

Et si tout ce que vous aviez construit jusqu'à aujourd'hui vous empêchait de trouver le sens réel de votre quête ? L'adolescente vous fait vous reconnecter à la joie de découvrir, de construire et de déconstruire, pour reconstruire. Elle vous déculpabilise aussi de votre envie de vivre plus. L'archétype de l'adolescente vous invite à faire l'inventaire des schémas de pensée dont vous avez hérité. Qu'avez-vous appris de vos parents ? Enseignants ? Amis ? Qu'est-ce qui aujourd'hui ne vous convient plus ?

L'adolescente n'a pas peur de créer des conflits ou de l'inconfort auprès des autres car elle sait qu'ils ne sont pas faits en sucre. D'ailleurs, ces conflits et rébellions obligent toutes les personnes impliquées à grandir et à se repositionner.

Parfois, elle se laisse emporter et va beaucoup trop loin. C'est comme ça qu'elle apprend qu'il y a une différence quand elle dit « non » quand cela ne lui-convient pas, versus quand elle dit « non » juste pour embêter, voire blesser.

Dans son processus, elle fait aussi des rencontres. Des rencontres qui sont parfois hasardeuses et pourraient être mauvaises pour son développement sur le long terme. C'est là qu'elle a le choix entre écouter les personnes qui lui veulent son plus grand bien ou bien écouter les personnes qui tirent un avantage de la maintenir dans une dynamique qui réduit son plein potentiel.

L'adolescente qui se réalise a compris qu'il y a un juste équilibre entre accepter ou rejeter tout le monde. Sans le trouver, elle risquerait de ne pas s'entourer des personnes qui comptent le plus au monde pour elle et de donner trop d'importance à des personnes qui ne le méritent pas.

Cette carte vous invite à regarder ce dont vous ne voulez plus dans votre vie. Elle vous invite aussi à remarquer si vous donnez plus d'importance aux autres qu'à vous-même. Et si c'est le cas, à le rééquilibrer. Elle vous invite à vous affirmer pleinement et à vous débarrasser de votre carapace. Vos vieux automatismes vous ont bien servi par le passé, mais vous pouvez aujourd'hui vous en libérer.

Forces : Courageuse, rebelle

Vulnérabilités : Impulsive

Séance à écouter : Combat

18. L'ESPIONNE

Vous vous faites souvent la réflexion que les autres réagissent beaucoup plus fortement que vous. On vous décrit d'ailleurs souvent comme quelqu'un qui a la tête froide, qui ne s'énerve pas.

Si vous balayez du regard tous les aspects de votre vie, les choses vont globalement bien. Oui, ça pourrait être mieux, mais comparé aux autres, vous n'avez pas à vous plaindre. Vous avez tendance à faire l'autruche qui plante sa tête dans le sable de « tout va bien » / « ça va aller » / « il ne faut pas s'énerver pour ça ». C'est une excellente stratégie pour pacifier les choses, mais depuis combien de temps fermez-vous les yeux sur les incohérences que vous faites, ou bien que les autres font ? Depuis combien de temps qualifiez-vous des incidents répétitifs « d'évènements exceptionnels » ? Le spectre peut être large, il peut s'agir de simples retards ou de gestes irrespectueux, voire violents à votre égard, ou bien envers vos proches.

Cette carte vient vous avertir qu'il y a quelque chose qui ne va pas. Que vous acceptez des choses qui ne vous correspondent pas ou ne vous respectent pas. Et même s'il est plus facile de faire comme si tout allait bien, êtes-vous pleinement épanoui.e ainsi ?

L'espionne voit tout et sait tout.
Elle active son intelligence et part du principe qu'autrui est aussi intelligent qu'elle. Elle observe pour comprendre et repérer les habitudes ainsi que les incohérences.
Ainsi, elle a l'habitude de tout observer dans les détails. Après tout, les plus grands espions savent, plus que tout le monde, que le savoir est le plus grand

des pouvoirs.
Elle vous invite à regarder et à scanner dans le détail toutes les sphères de votre vie, de vos relations, de vos choix. Elle vous invite à avoir l'honnêteté de regarder en vous et autour de vous, comme le ferait une espionne. Il s'agit donc aussi d'observer le comportement de vos proches de manière factuelle. Il est possible que certains d'entre eux n'aillent pas bien, ou se comportent d'une manière qui ne respecte pas vos valeurs. Il est certes parfois plus facile d'excuser le comportement des autres, alors qu'un problème plus profond se cache peut-être derrière.

L'espionne a la capacité de pouvoir différencier l'illusion que les autres veulent faire voir de ce qui se passe vraiment.

L'espionne est lucide. Elle sait différencier ce qui est montré de ce qui se cache derrière les apparences. Elle différencie également l'illusion de ce que les autres veulent montrer au monde, leur propagande, et ce qu'ils sont ou font réellement.

Elle aurait connaissance de tous ces choix que vous faites pour vous arranger avec votre conscience. Elle regarderait toutes les zones d'ombre.

Forces : Sang-froid, observatrice, intelligente, lucide

Vulnérabilités : Intransigeante, coupée du monde, solitaire, secrète

Séance à écouter : Combat

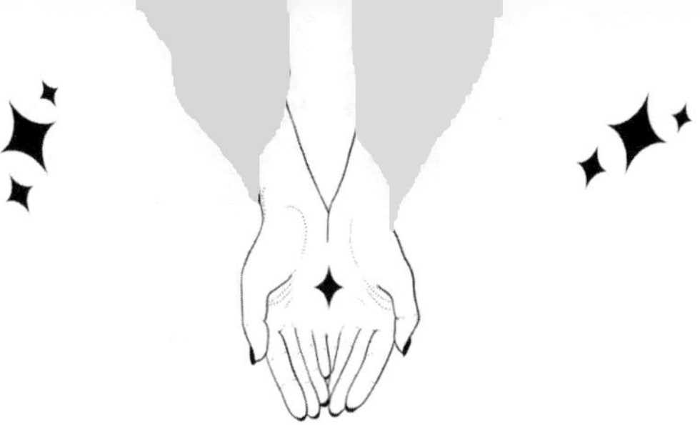

UNIVERS INTUITION

Comme un navigateur qui suit l'étoile du Nord pour trouver son chemin dans l'océan, notre intuition peut nous guider dans des directions inattendues mais bénéfiques. Elle peut nous aider à éviter les dangers, à prendre des décisions difficiles et à trouver notre véritable chemin dans la vie.

C'est en apprenant à écouter notre intuition et à avoir confiance en elle qu'elle peut devenir notre plus grande alliée dans la recherche de la vérité et de la sagesse.

Ces cartes donnent accès à cette partie de nous que le mental essaie d'étouffer : l'intuition. En découvrant les différentes cartes telles que la femme sirène, la danseuse du ciel, la louve ou l'exploratrice, découvrez comment vous connecter à vos ressources cachées.

La séance audio dédiée à l'intuition vous permettra d'étendre votre capacité à ressentir et à recevoir les messages les plus subtils. Vous pourrez mettre de côté l'égo, le mental et les pensées. Écouter ce que votre cœur a à dire. Et connectez-vous à un plan supérieur de conscience.

LA SÉANCE AUDIO :

Flashez ce QR code pour récupérer la séance audio **Intuition**.

LES AUDIOS

19. LA SIRÈNE

Quelque chose ne fait pas de sens. Vous avez l'impression qu'il y a quelque chose qui se cache juste en dessous de la surface. Cela peut être en lien avec une relation (amicale ou amoureuse), une situation au travail ou au seins de votre vie de famille. Souvent, vous vous contentez des évidences et de la partie visible. Pourtant, votre intuition est activée, alors que tout a l'air d'aller pour le mieux. Vous vous posez la question, à savoir si vous êtes parano, en train de vous inventer des histoires.

Cette carte vous invite à aller au-delà de ce qui est montré. Elle vous demande de revenir à l'essentiel, de regarder au plus profond. Si vous avez l'impression de ne pas savoir expliquer ce que vous traversez, il semblerait être important d'aller regarder au commencement, de reprendre depuis le début. Peut-être qu'il y a un détail, une parole, une expression qui sur le moment a été balayé et qui pourtant est lourd d'un message clé.

La sirène est une femme incomprise, mystérieuse, qui vient d'un autre monde. Elle peut accéder à des profondeurs inconnues du commun des mortels. Ces profondeurs peuvent être celles d'où commence la vie.

Elle vous invite à aller regarder le début de votre incarnation, de la situation ou bien de la relation en question. Vous pourriez aussi interroger votre expérience alors que vous étiez encore dans l'utérus qui vous a porté.e pendant plusieurs mois.
C'est en plongeant au cœur de votre vécu, de vos douleurs et de vos blessures que vous trouverez des réponses. En regardant avec honnêteté la personne

que vous êtes, avec vos parts de lumières et vos parts d'ombres, afin de révéler et faire émerger ce qui a été dans le passé, pour réconcilier et aligner les pièces du puzzle et enfin comprendre qui vous êtes aujourd'hui.

Pourquoi faire ce cheminement intérieur ? Car votre voix peut éclairer la voie à d'autres.

Peut-être que c'est en mettant des mots sur les maux interdits et cachés que vous pourrez non seulement vous libérer mais aussi aider les autres à se réconcilier avec leur vérité. Quand bien même parfois cette vérité et cette réalité peuvent être difficiles à entendre.

À l'image du marin attiré et pétrifié par la voix de la sirène car il n'a jamais rencontré et entendu un tel message, il est important de prendre le temps de comprendre le langage d'autrui afin de communiquer et de guider les autres. Il est temps de saisir la puissance de ce que vous avez à dire et à partager au monde, d'oser faire éclater les non-dits et les secrets.

Forces : La sirène est un personnage qui peut fasciner par sa voix, sa présence ou même son message. Cette carte vous invite à faire confiance à ce que vous êtes venu.e transmettre au monde ainsi qu'à vos intuitions

Vulnérabilités : Tendances à s'isoler pour se protéger du monde extérieur. Peine à rester longtemps dans l'univers des autres. Elle a tellement envie de liberté qu'elle serait prête à sacrifier sa propre nature

Séance à écouter : Intuition

20. LA DANSEUSE DU CIEL

Aujourd'hui, vous vous appliquez à suivre ce qui est attendu de vous. Telle une danseuse classique, occupée à réaliser ses mouvements à la perfection, comme ils sont attendus, de vous. Vous avez beau faire, bouger, votre vie fait pourtant du surplace. Une inertie de mouvements répétés, de gestes oubliés. Il est peut-être devenu plus important de paraître que d'être. Aussi, il est possible que vous avanciez, peut-être vous a-t-on récemment promu.e, et pourtant, vous ne ressentez pas cet élan auquel vous vous attendiez. Peut-être que vous restez assis.e alors qu'il était temps de se lever, pour se déplacer, commencer, ou partir. Il est temps d'insuffler autre chose dans votre vie. Arrêtez d'attendre que le souffle d'inspiration vienne comme le vent peut se lever en pleine nuit. C'est à vous de le déclencher.

Cette carte vous rappelle que la vie est une danse. Que de tout frottement naît le mouvement, et que le mouvement, c'est la vie. La danse se vit, se ressent et vous permet de vibrer. La vie, elle, se danse, mais elle ne peut vous forcer à entrer dans ce rythme. Pourtant, ce sera lorsque vous vous autoriserez à vibrer de tout votre être, que les choses prendront sens. Et vous pourrez alors recevoir ce que vous avez besoin de recevoir dans votre vie. En dehors de toute attente.

Cette carte vous invite à lâcher prise sur ce que vous connaissez aujourd'hui. Elle vous permet de vous laisser guider par quelque chose de bien plus grand que vous. Cette énergie qui détient tous les secrets de l'univers. Et cette énergie, la danseuse vous rappelle que vous la portez en vous. Il vous suffit de vous ouvrir et de vous connecter avec elle. Vous pouvez vivre libre et léger.

Rappelez-vous que le battement d'ailes de papillon peut avoir un impact à des centaines de kilomètres. Vous détenez un grand pouvoir dans vos mouvements, un pouvoir de communication et de changement. Il suffit parfois d'un rien, ou bien de quelques minutes dans votre journée où vous pouvez vous dynamiser autrement. Pourquoi pas prendre le temps de danser littéralement, chez vous, pour vous et de vous laisser surprendre, car qui sait...

Le mouvement des astres rythme nos journées et nos saisons. Même si nous ne pouvons percevoir leur danse. Rappelez-vous qu'il y a quelque chose de bien plus grand que nous qui ne demande qu'à vous emmener dans sa danse. À vous d'accepter son invitation et d'oser vous libérer des contraintes et des qu'en-dira-t-on.

Forces : Elle se laisse emporter par la musique de la vie

Vulnérabilités : Elle manque d'ancrage

Séance à écouter : Intuition

21. LA LOUVE

Vous vous sentez exclu.e et avez la sensation de n'avoir votre place nulle part. Vous faites les choses machinalement, parce qu'il faut bien les faire. Vous êtes aux autres ce que vous êtes à vous-même : présent.e sans vraiment l'être. Vous avez appris à gommer vos différences pour rentrer dans le clan. Le problème est que cela vous coûte certainement beaucoup d'énergie. Vous faites en sorte d'être comme les autres pour survivre. Vous êtes entouré.e et pourtant, terriblement seul.e.

Et parfois, vous sortez les crocs car vous vous sentez agressé.e par le monde extérieur si bien que vous vous isolez. Il se peut aussi qu'en ce moment, vous vous sentiez menacé.e. Peut-être avez-vous besoin de conserver votre espace, vos valeurs. Peut-être avez-vous besoin de retrouver vos limites et l'alignement à votre nature profonde.

La louve vous invite à vous reconnecter à vos instincts primaires et maternels, à votre intuition, à être à l'écoute de ce qui se passe en vous. Peut-être avez-vous besoin d'apprendre à vous protéger. La louve vit en meute et pourtant détient en elle un côté solitaire. Elle protège son clan tout en se protégeant.
Elle hurle dans la nuit et lance des appels pour se connecter avec ses pairs.
Pourtant, elle a en elle un grand besoin de liberté et d'indépendance. La louve est puissante et passionnée.
La louve vous invite à vous connecter à ce que vous ressentez au plus profond de vos tripes. Elle vous invite à regarder en vous vos désirs profonds, vos envies, ce qui peut nourrir votre âme.

La louve est aussi pleine de sagesse. Quand vous obtenez son amour, et qu'elle vous reconnaît comme faisant partie des siens, vous obtenez sa protection maternelle et absolue.

La louve peut se refermer sur elle-même quand elle ne se sent pas respectée ou comprise. Si cela lui semble juste, elle n'hésite pas à s'isoler de son clan pour faire ce qu'elle a à faire.

La louve peut aussi être excessive. Ou mordre qui s'approche trop près d'elle ou de sa progéniture. Elle peut même parfois se montrer agressive. Puisqu'elle s'adapte à toute situation, il lui arrive de tomber dans des excès. Elle peut ainsi devenir solitaire et aura besoin d'apprendre à vivre en meute et à vivre avec les autres. Pour être bien, elle doit apprendre à harmoniser son besoin de solitude tout en acceptant la présence des autres, de ses pairs. Comme les deux faces d'une même pièce, la louve est un tout : solitaire et sociale.

Forces : Protectrice, puissante, instinctive, courageuse, combative, mystérieuse

Vulnérabilités : Excessive, possessive, agressive, solitaire

Séance à écouter : Intuition

22. L'EXPLORATRICE

Vous faites et vous vivez en suivant scrupuleusement les règles. Cela a sûrement un côté rassurant mais c'est aussi une source d'ennui profond. Peut-être recherchez-vous également une solution à un problème, en regardant toujours dans la même direction. Ce serait comme chercher ses lunettes toujours aux mêmes endroits sans vous apercevoir qu'il y a d'autres lieux dans la maison dans lesquels vous n'auriez pas encore cherché.

La vie a un goût commun, tout est connu. Il y a cette impression d'être coincé, immobilisé. Une sorte d'ennui vous habite. Vous êtes-vous déjà fait la réflexion, en observant des touristes découvrir votre pays ou votre ville, qu'ils voient dans le banal quelque chose d'amusant, d'intéressant ?

L'exploratrice a ce goût de l'aventure. Elle ne reste jamais sur ses acquis. Elle aime découvrir de nouvelles choses, de nouveaux lieux, de nouvelles personnes. Elle se découvre comme elle découvre le monde. C'est en allant d'aventure en aventure qu'elle grandit.

L'exploratrice a une grande curiosité qui la pousse à découvrir au-delà du connu. À ne jamais se contenter d'une réponse toute faite ou de la lecture d'un livre. Elle a besoin de vivre les choses par elle-même. Si elle voit qu'une feuille de bananier lui barre la route, elle l'écarte délicatement pour voir ce qui se cache derrière.

Elle ouvre grand tous ses sens pour percevoir tout du monde qui existe et qui l'entoure. Elle fait aussi parfois naître le silence en elle pour mieux observer : avec sa vue, son ouïe, son odorat, son toucher, son équilibre.

Elle explore le monde comme elle pourrait suivre

un animal qui parcourt la jungle sous ses yeux. Elle est là, sans jugement de ce qui est. Elle capte l'information, l'enregistre précieusement pour la réutiliser plus tard.

Cette carte vous invite à observer sans jugement ce qui est pour vous aujourd'hui. Qu'est-ce qui vous anime ? Qu'est-ce qui vous endort ? Qu'est-ce qui vous énergise ? Et qu'est-ce qui vous coûte ? Il s'agit de découvrir de nouveaux éléments ou de nouvelles informations qui peuvent vous délivrer un message ou une solution que vous n'aviez pas encore trouvé.e. Cette carte vous invite à découvrir tous les ingrédients qui vous ont été livrés dans votre boîte de recettes. Vous pouvez vous rendre compte qu'en utilisant les mêmes ingrédients, il y a mille façons de cuisiner.
Cette carte vous invite à ne pas vous contenter de ce qui existe, mais de faire l'effort de chercher et d'explorer autour de vous l'infinité de possibilités. Il s'agit ici de découvrir, processus nécessaire avant toute création.

Et si vous changiez simplement d'angle de vue, ou de paire de jumelles, pour observer d'une autre manière ce qui vous entoure ? Sortez de vos habitudes et sortez du cadre préétabli, en tentant de nouvelles expériences : que diriez-vous de changer votre façon de cuisiner, de tenter un nouveau restaurant ou un nouveau hobby? Si vous avez l'habitude de cuisiner en silence, remplissez l'espace d'une musique de votre choix. Il n'y a pas besoin de vivre quelque chose d'exceptionnel pour inviter ce soupçon de magie et d'excitation dans votre vie. Surprenez-vous en tentant des choses nouvelles.

Forces: Curiosité, insatiable

Vulnérabilités: Insatiable, difficulté à se poser

Séance à écouter: Intuition

UNIVERS FÉMININ SACRÉ

Le féminin sacré est comme une rivière majestueuse, qui coule avec force et douceur à la fois, portant en elle la sagesse et la beauté de la nature. Tel un torrent puissant, il est capable de sculpter la pierre la plus dure et de façonner les paysages les plus beaux. Mais il est également capable de caresser les rives les plus fragiles et de nourrir la terre la plus fertile. Le féminin sacré est un équilibre parfait entre la force et la douceur, entre la puissance et la sensibilité, entre l'action et la contemplation. Il est le gardien des mystères de la vie, la gardienne des secrets de l'âme, la mère de toutes les créations. Tel un phare dans la nuit, il illumine notre chemin et nous guide vers la source de notre être. Ainsi, le féminin sacré est un appel à la vie, à la création, à l'amour et à la beauté, une invitation à ouvrir notre cœur et notre esprit à l'infini de l'univers tout en nous connectant au sacré de notre terre.

Que ce soit la mère divine qui vous berce dans ses bras pour vous apaiser, ou bien la sensualité de l'enchanteresse qui vient épicer votre quotidien, toutes ces différentes façons sont cohérentes et ont leur place si vous les autorisez.

Le phénix et le dragon rider peuvent littéralement renaître de leur cendre et transcender les espaces-temps, régis par les règles de la logique. C'est une invitation à se désolidariser de la logique qui limite les possibilités et de retrouver l'instinct de création.

Ces cartes vous permettront de vous connecter à votre féminin sacré d'une manière que vous n'aviez peut-être jamais exploré avant. Vous n'avez rien d'autre à faire qu'écouter ce que vous ressentez. Ces cartes portent en elles des messages puissants de votre inconscient. Mais elles détiennent également le savoir de l'inconscient collectif. Elles portent les messages qui se transmettent depuis la nuit des temps, de génération en génération.

La séance audio dédiée au ***féminin sacré*** vous permettra d'ouvrir cet espace et de recevoir tous ces enseignements sur un plan psychologique, physique et subtil.

LA SÉANCE AUDIO :

Flashez ce QR code pour récupérer la séance audio **Féminin Sacré.**

LES AUDIOS

23. LA MÈRE DIVINE

En ce moment, vous avez tendance à être dans le jugement. Vos intentions sont bonnes, mais vous pensez certainement savoir ce qu'il y a de mieux pour ceux que vous aimez. Et vous avez tendance à vouloir contrôler ou à vous mêler de leurs affaires. Vous pourriez même avoir envie d'imposer votre vérité. Comme si vous étiez la seule personne à détenir le savoir.

Le rôle de mère, peu importe avec qui ou quoi il est activé, est le plus puissant de tous les rôles. Et cette puissance, mêlée d'attentes inconscientes, peut parfois vous emmener dans des situations difficiles, où vos bonnes intentions bloquent l'épanouissement d'autrui. Cette carte vous indique que vous confondez peut-être l'amour et le contrôle. L'amour n'a pas de conditions, et cette carte vous invite à revenir à l'essence même de l'émotion et de la relation que vous nourrissez.

Vous ne pouvez pas protéger tout le monde. Vous ne pouvez pas décider pour les autres. Ceux qui sont sur votre chemin ont besoin de vous sentir à leur côté, quoi qu'ils fassent et quoi qu'ils soient.

Le rôle de mère est transmis de génération en génération, et votre mère a fait, au travers de ses erreurs, du mieux qu'elle pouvait. Peut-être qu'il est temps de pardonner à nouveau et de libérer la lignée présente et future des femmes de votre famille des conditionnements et blessures du passé.

La mère divine incarne l'amour inconditionnel. Cet espace où l'amour est plus fort que tout, pur, et sans condition. La mère divine enveloppe, sécurise, aime de toute son âme. Elle se transcende pour porter la vie et accueillir en elle l'amour inconditionnel. Quel qu'en soit le prix ou le sacrifice. Elle accepte que l'enfant vivra sa vie et, peu importe ses choix, son amour restera intact. Parfois douce, parfois ferme, la mère divine transmet un message et peut guider l'âme à retrouver son chemin, sa nature. Elle apprend, elle transmet la voie de l'amour inconditionnel. Ainsi, elle peut dire ce qui est en dehors de cette route. Elle n'a pas peur de blesser lorsqu'elle sait que c'est pour le plus grand bien de son enfant. Sa mission est plus grande qu'elle.

Forces: Son amour inconditionnel, la protection, sa patience et bienveillance

Vulnérabilités: Le contrôle, envahissant, peut s'oublier

Séance à écouter: Féminin Sacré

24. *L'ENCHANTERESSE*

Il est possible que les froufrous, les artefacts féminins vous semblent inutiles ces jours. Vous préférez lorsque les choses sont franches, nettes et précises. Votre vie aujourd'hui manque peut-être de douceur et de fantaisie.

Vous êtes connecté.e à votre force masculine. Celle, un peu brute, qui sait faire et où aller. Vous avez sans doute besoin de vous reconnecter à l'énergie féminine qui sait recevoir ce qui est bon.

Aujourd'hui, vous ne prenez pas soin de vous comme votre corps le réclame. Vous avez besoin d'apprendre à prendre le temps. Acceptez d'être moins efficace sur le moment, pour vous ressourcer durablement.

L'enchanteresse se présente sous tous ses aspects de féminité. Elle apparaît douce, séductrice et légère. Elle a accepté pleinement sa partie charmante. La séduction réside en tout. Elle en fait un merveilleux outil de persuasion qui lui permet d'entrer en contact avec les autres. Parfois traitée de manipulatrice, l'enchanteresse ne fait qu'utiliser ce qui lui vient naturellement. L'enchanteresse est pleinement connectée à son énergie sexuelle, sacrée et créatrice. Elle est le point de départ.

L'enracinement et le désir peuvent coexister pour créer les conditions dont vous avez besoin présentement. Le minaudage ouvre des portes. L'enchanteresse invite à se rappeler que, enfant, nous faisions les yeux doux pour obtenir ce que nous désirions. La séduction n'est autre qu'un atout naturel que les femmes utilisent depuis la nuit des temps. Cette carte vous autorise à réclamer ce pouvoir que l'on a voulu vous enlever. On ne qualifierait jamais un homme fort qui nous rassure de manipulateur. De la même manière, l'enchanteresse charme de par sa nature, de par ce qu'elle est intuitivement.

Cette carte vous invite à lever les interdits et les censures mises sur vos charmes et à réconcilier cette énergie utile de séduction.

Forces : Connectée à sa féminité, autonome, sûre d'elle, fière de ses charmes

Vulnérabilités : Manipulatrice, superficielle

Séance à écouter : Féminin Sacré

25. LE PHÉNIX

Vous pensez peut-être vivre le pire en ce moment. Peut-être que vous avez l'impression que vous n'arriverez pas à vous relever ou à dépasser ce que vous traversez.

Pourtant, ces expériences, aussi douloureuses soient-elles, viennent vous communiquer un enseignement essentiel. Il y a quelque chose à apprendre pour comprendre.

Parce que, oui, vivre, c'est prendre le risque de mourir.

Il est normal de ne pas voir clair quand on est au cœur de la tempête. Ce que vous ne voyez pas en ce moment, c'est qu'elle nettoie tout pour vous, tout ce dont vous n'avez plus besoin. Elle réorganise tout.

Cette carte vous invite à retrouver votre étincelle de vie. Votre foi en l'univers. En plus grand que vous. Mourir pour renaître. Elle vous invite à ne faire qu'un avec cette partie sombre de vous qui a besoin de guérir. La rejeter, ce serait nier son existence. La rejeter, ce serait se priver de réconfort. Plonger au cœur de soi, accueillir, se cajoler. Prendre le temps. Se connecter à la richesse du cœur. Et vivre. Parce que l'amour gagne toujours.

Ayez confiance dans votre capacité à vous renouveler, à créer quelque chose de nouveau à partir de cette destruction. La vie, tel le phénix, est unique et indéfinissable. Lorsque le phénix décide de s'immoler, il ignore s'il va renaître. Il a confiance en les différents cycles de la vie. Cette carte vous appelle à retrouver votre grandeur d'âme et toute votre splendeur, à l'image des couleurs du phénix. Lorsque vous embrassez ce qu'il y a de plus douloureux, vous voyez aussi ce qu'il y a de plus beau, intense et joyeux.

Sombrer dans sa propre noirceur les méandres de ses blessures peut être profondément effrayant.

Pourtant, le phénix nous rappelle la nécessité de ce processus. C'est en embrassant ses douleurs, sa propre noirceur, en découvrant sa part d'ombre que la guérison peut avoir lieu. Du rien, naît le tout. Le possible. Le phénix meurt pour renaître, donnant naissance à un être profondément en accord avec sa nature.

Le phénix se consume de l'intérieur pour renaître. Il est puissant et revient à lui sous sa forme la plus pure. Il revient de la source elle-même et est ainsi pleinement connecté à son énergie solaire. Il porte en lui l'histoire de la vie et de la mort, de l'évolution de la conscience. Le phénix symbolise par excellence la métamorphose dont vous avez besoin aujourd'hui. Métamorphose qui détient tous les secrets de votre propre évolution. Il accepte de mourir pour renaître. Ce processus ne peut se faire que dans la pleine confiance et acceptation de son destin.

<u>Forces:</u> Résilience, constance, capacité à se renouveler, confiant

Vulnérabilités : Préfère souffrir et mourir plutôt que de courber le dos. Peut avoir de la difficulté à s'adapter

Séance à écouter : Féminin Sacré

26. DRAGON RIDER

Vous avez peut-être le sentiment en ce moment d'avoir tout perdu ou de vous être perdu.e en chemin. Votre vie ressemble au chaos et vous vous sentez baladé.e dans tous les sens. Peut-être avez-vous parfois 1000 idées à la minute mais rien ne se concrétise. De manière très contrastée, il est possible que vous puissiez passer plusieurs jours avec l'impression d'être complètement vidé.e. C'est ce qui se passe lorsque votre énergie vitale et sacrée n'est pas maîtrisée ni canalisée.

La dompteuse de dragon chevauche la force de vie et la structure. L'origine de l'énergie primaire du dragon de feu vient du chaos de l'existence. Le chaos étant un cadeau de possibilités infinies. Mais un chaos sans structure pour s'organiser n'est qu'une énergie non utilisée.

La dompteuse a su canaliser l'énergie du dragon pour créer la vie et répandre sa mission. Elle n'existerait pas sans le dragon, tout comme il ne pourrait survivre sans elle. Elle représente la structure, le repère dont le dragon - tout feu, tout flamme - a besoin pour savoir où et comment diriger son énergie.

Cette femme est pleinement connectée à son énergie sexuelle. Cette énergie vitale permet de tout créer dans ce monde, même la vie.
Elle s'envole sur son dragon, bien déterminée à avancer vers d'autres contrées. Elle ne supporte aucun obstacle et est prête à utiliser le feu pour détruire tous les ennemis qui se présenteraient sur son passage. Elle est intransigeante, déterminée, et possède en elle une force incomparable, qui part du plus profond de son être. Elle est habitée par une mission, capable d'emmener les éléments et les personnes avec elle, si et uniquement si elle dompte

son dragon. Ce qui lui demande quelques efforts.
Si vous avez tiré cette carte, vous êtes ici invité.e à structurer et à ancrer toutes les possibilités et idées qui vous viennent. À utiliser votre énergie dans un sens donné. Les idées peuvent vous porter mais ne vous mèneront nulle part sans les ancrer dans la matière. Triez, organisez, priorisez et choisissez vos idées. Utilisez toute cette énergie puissante dans un même sens, une même direction.

Forces: Énergie sexuelle, mille idées à la minute

Vulnérabilités: Peut s'éparpiller, être vite drainée par l'énergie

Séance à écouter: Féminin Sacré

27. LA HAUTE PRÊTRESSE

Vous avez probablement l'impression de faire les mauvais choix en ce moment. Comme si vous les faisiez en écoutant uniquement votre raison. Vous avez peut-être même appris à taire votre intuition. Cette petite voix intérieure qui vous connait pourtant mieux que votre mental.

En ce moment, vous vous posez beaucoup de questions quant à votre relation amoureuse, ou bien quant au travail. Vous avez oublié que vous étiez la réponse à tous vos problèmes. Vous ne voyez sans doute plus très clair dans vos propres ressources, comme si elles étaient cachées par un épais brouillard.

Il est possible que vous ayez perdu contact avec le sens des choses, la raison de vos actions. Vous faites les choses par habitude, automatisme. Rappelez-vous, ce qui est familier est rassurant même si c'est désagréable. Ainsi, il nous arrive de rester bloqués dans des schémas du passé qu'on n'aime pas. Comme s'il y avait un contrat inconscient qui nous y maintenait.

Nous ne naissons pas tous de la même manière ni avec les mêmes prédispositions. Le point de départ de chacun est la seule chose qui est prédestinée. Ce que vous en faites, de ce point de départ, ne tient qu'à vous. Allez-vous rester sur place, avancer, changer d'endroit et d'environnement social ?

La grande prêtresse se trouve à la frontière du monde réel et au seuil du royaume divin. Tantôt messagère de la loi divine, tantôt gardienne des rites et cultes sacrés, elle guide sans imposer. Elle a accès aux anciens scriptes et codes de vie. À chaque étape de la vie, les secrets sont révélés petit à petit mais elle le savait déjà. Ce qui explique son air si mystérieux.

La grande prêtresse est là pour vous rappeler que vous décidez de votre destinée. Elle détient tous les savoirs : les savoirs de l'univers, des cycles de la nature, des cycles lunaires et le puits sans fond de connaissance à l'intérieur de soi.
Elle est ce pont qui relie le monde invisible au visible. C'est à travers des rituels quotidiens, mensuels et saisonniers qu'elle entretient ce lien. Le sens n'est donné qu'en accédant à l'essence même des choses, leur origine, leur naissance. C'est ainsi qu'elle transmet ses connaissances et forge sa destinée.

La grande prêtresse permet de matérialiser et d'ancrer dans la matière tous les projets.
Elle attire à elle l'abondance : ce qu'elle désire, vibre, se réalise et s'ancre. Cette matérialisation de l'invisible se fait par les écrits et l'argent. Il est important de rappeler que l'argent peut être l'énergie qui permet de créer (art) et rassembler les gens (gent).

Cette carte vous invite à porter une attention à votre

manière de communiquer (par écrit, oral) mais aussi par vos pensées inconscientes. On attire à soi ce qui nous fait vibrer le plus régulièrement. Si des blessures du passé sont encore actives et présentes dans vos schémas de pensée, il est vivement recommandé de les soigner et d'arrêter de vous définir à travers eux. Il y a autre chose qui peut vous attendre dans le futur, mais c'est à vous de décider de signer de nouveaux contrats de vie.

Cette carte vous invite aussi à laisser votre sagesse intérieure vous guider. Si vous allez signer un contrat, la carte vous invite à porter une attention particulière aux détails et à lire entre les lignes. Elle vous invite à écouter en vous ce qui fait sens et à recevoir les messages les plus justes même si les raisons pour lesquelles vous percevez ce message sont encore intangibles.

On ressent tous, à un moment ou un autre, cette sensation à l'intérieur de nous qui s'ouvre et se libère lorsqu'on a choisi la bonne voie, ou bien qui se ferme et s'immobilise. Cette dernière se manifeste souvent lorsque l'on censure cette petite voix intérieure qui, du coup, ferme la voie aux alternatives et nous donne l'impression de ne pas pouvoir voir les choses autrement. C'est ainsi que les schémas de vie et de famille se répètent continuellement.

Il est temps de vous rappeler que chaque jour, des possibilités et opportunités nouvelles sont possibles. Vos décisions sont votre signature. Attention à la manière dont vous choisissez et prenez ces décisions. Est-ce dans l'évitement de quelque chose, la peur de…, ou bien décidez-vous de manière délibérée, en vous autorisant à aller dans le sens du courant de ce que vous voulez vraiment ?

Forces : L'intuition, la médiumnité, l'ordre, la patience

Vulnérabilités : Préfère rester cachée

Séance à écouter : Féminin Sacré

28. LA DIVA

Si vous le pouviez, vous vous feriez invisible, transparent.e, tout.e petit.e. Vous aimeriez bien qu'on vous oublie. Vous vous sentez tellement petit.e, que vous avez honte de pouvoir imaginer être dans la lumière. En ce moment, vous vous sentez peut-être nul(le), ou moins que rien. Vous vous sentez mal à l'aise et avez l'impression de ne pas avoir votre place dans ce monde. Si seulement vous pouviez faire en sorte que personne ne vous voie. D'ailleurs, vous faites tout pour que personne ne vous voie, pour que personne ne voie votre vraie couleur, votre lumière.

La diva est rayonnante. Elle est en constante représentation. Elle arbore ses robes divines, sensuelles, à paillettes. La diva existe et est fière de qui elle est. Elle n'a plus peur de montrer au monde sa vraie nature. Elle ne compte plus travestir sa personnalité pour quiconque.
Bien sûr, elle peut faire peur, surtout aux hommes… ou aux femmes qui n'ont pas encore accepté cette partie d'elles-mêmes. Elle fait peur autant qu'elle suscite l'admiration. Elle fascine. Elle a l'audace d'incarner son moi profond au-delà du qu'en-dira-t-on.

Elle écoute ses désirs, et les réalise. Elle peut aussi être autoritaire, car elle fait savoir au monde quels sont ses idéaux. Elle formule ses attentes et ses exigences. Elle affiche ses valeurs. Son goût pour la beauté et le luxe.

Cette carte vous invite à vous demander ce que vous cachez au monde. Qu'y a-t-il en vous ou dans vos valeurs dont vous avez honte et que vous ne pouvez pas accepter de montrer au monde ? L'argent, le succès, la séduction ?

La diva vous invite à accepter toutes ces parties de vous et à les assumer en grand. La valeur du luxe peut avoir des définitions bien différentes pour chacun. Pour certains, ce serait de porter des vêtements de créateurs ; pour d'autres, de se réveiller tous les matins face à l'océan ou encore de conduire une voiture de collection.

Cette carte vous invite à ne plus réduire le volume de qui vous êtes, de ne plus vous faire plus petit.e que vous ne l'êtes ni de nier vos désirs et vos valeurs.

Il est temps d'assumer votre « grand moi », celui qui peut exister sur grand écran, haut en couleur.

Forces : Pleine présence, a le sens des belles choses, raffinée

Vulnérabilités : Théâtrale, autoritaire, exigeante, immature

Séance à écouter : Féminin Sacré

29. LA DAME DU LAC

En ce moment, vous avez sans doute l'impression que vous n'êtes pas légitime de faire ce que vous faites. Vous ne pensez pas avoir une place dans ce monde. Vous aspirez à des changements, à accomplir de grands rêves mais ces questions tournent dans votre tête : « Qui suis-je pour oser cela ? » « Je ne suis pas assez qualifié.e, comment pourrais-je ? » « Qu'est-ce que l'on va penser de moi, je ne connais pas assez de choses ? ». Alors, vous gardez une place qui n'est pas la vôtre. Votre image de vous-même est bien plus petite que ce que vous êtes réellement. Vos peurs liées à votre insuffisance vous empêchent d'avancer et de créer l'œuvre de votre vie, à la hauteur de qui vous êtes.

La dame du lac permet d'arriver à voir ce que l'on est sans en être déformé. L'eau reflète la vraie image, sauf si elle est troublée par des agents extérieurs. Imaginez que vous puissiez effacer tous les construits sociaux de ce qu'est la beauté, l'intelligence, la valeur d'une personne, et que vous puissiez juste vous rencontrer à nouveau, pour la première fois, sans préjugés, ni attentes. Vous rencontrez et vous aimez ne fera pas de vous une personne obnubilée par votre image. Le seul risque que vous courez est de vous sentir complet.ète et intègre.

La dame du lac permet LA rencontre. Se rencontrer soi, pas pour ce que l'on n'est pas, mais pour ce qu'on est réellement.

C'est le moment exact où vous pouvez regarder qui vous êtes réellement : avec vos imperfections et vos qualités. La dame du lac n'est rien d'autre que cette partie de vous-même : authentique. Elle vous invite à aller à la rencontre de votre moi profond. À vous

autoriser à vous regarder avec compassion, amour et honnêteté. Voyez au-delà de ce que vous n'êtes pas pour trouver vos forces, vos failles et vos potentiels, afin d'agir enfin de manière alignée avec vos rêves, vos aspirations et vos idéaux.
Assumez-vous au grand jour!

Forces: Authenticité, compassion, lucidité

Vulnérabilités: Confusion quant à son identité profonde, influençable

Séance à écouter: Féminin Sacré

UNIVERS GUÉRISON

La guérison est comme une source d'eau pure qui jaillit de la terre avec une force inouïe et une douceur infinie à la fois.

Elle est capable de nettoyer les blessures les plus profondes de l'âme et de rafraîchir les esprits les plus fatigués. Comme une oasis dans le désert, elle nourrit les corps et les esprits affamés, offrant une oasis de paix et de tranquillité. La guérison est un équilibre parfait entre la force et la douceur, entre l'action et la contemplation, entre la puissance et la sensibilité. Elle est la gardienne des secrets de la santé, la gardienne des mystères de la vie, la mère de toutes les créations. La guérison agit comme un baume sur toutes vos blessures, peu importe la nature de celles-ci. Ainsi, la guérison est un appel à la vie, à la création, à l'amour et à la beauté, une invitation à ouvrir notre cœur et notre esprit à l'infini de l'univers.

De l'alchimiste qui transmute le plomb de la douleur en or d'incarnation, à l'enseignant.e qui apporte les apprentissages, clés à toute transformation ainsi qu'à la tempérance qui force de calmer la cadence pour laisser la guérison se faire.

Ces cartes vous permettront de transcender les épreuves, d'apaiser les douleurs et de transformer ces moments en apprentissages précieux.

La séance audio de guérison vous permettra de régénérer l'ensemble de votre être, sur des plans conscients et inconscients. Comme les cellules de votre corps qui se renouvellent à chaque respiration. Cette séance audio vous permettra de reprogrammer les éléments dans le sens le plus juste pour vous.

LA SÉANCE AUDIO :

Flashez ce QR code pour récupérer la séance audio **Guérison**.

LES AUDIOS

30. LA FEMME OISEAU

Il semblerait que vous soyez empêtré.e dans des considérations sur lesquelles vous avez de la difficulté à lâcher prise. Peut-être, tournez-vous un problème dans votre tête encore et encore. Ou bien cherchez-vous une solution à un problème à travers ce que vous connaissez déjà. Or, la créativité naît d'un mélange entre le connu et le nouveau. Pour retrouver la voie du soleil, et faire la paix avec vous-même ou avec ce que vous vivez présentement, vous avez besoin de prendre de la hauteur. Vous avez besoin de voir les choses « d'en haut », d'une manière plus globale. Cette carte vous dit : « Envolez-vous, prenez de la hauteur ». Elle vous invite à prendre de la distance, à vous évader. Elle vous indique que vous avez besoin de légèreté.

La femme oiseau a cette capacité de voir les choses dans leur essence. De là où elle est, elle a une vue globale. Elle a cette vision d'ensemble tout en percevant tous les détails.
La femme oiseau observe, prend le temps et agit exactement au moment opportun. Elle détient en elle une grande sagesse : où la patience et l'action sont à leur juste équilibre. Car elle trouve sa stabilité dans les courants d'air invisibles. Même si elle ne peut les contrôler, et ne peut les voir, elle sait au fond d'elle que ces courants de la vie seront toujours présents, pour la porter, et la guider. Elle peut regarder le soleil en face sans cligner des yeux. Elle a cette force intérieure qui lui confère un sentiment de paix. Elle est inébranlable face aux événements. Elle sait que le tout est fait de son ensemble.

Forces : Intuitive, visionnaire, observatrice, patiente et sereine

Vulnérabilités : À un moment, il s'agit d'arrêter d'observer et d'agir, à force d'observer, elle peut être en retrait et rester dans l'inaction

Séance à écouter : Guérison

31. L'ALCHIMISTE

Vous vous sentez alourdi.e par une situation difficile. Peut-être que ce sont les conséquences de mauvais choix dans le passé. L'impression d'être entouré.e de matière morte, inerte et lourde. Il est possible que votre entourage vous parle de patience, d'attendre que le temps passe, mais vous sentez au fond de vous que cette fois-ci, c'est différent.

Vous êtes à la recherche d'une solution. Une solution qui va au-delà de la force, du courage et de la

résilience. Vous ressentez que quelque chose doit changer, et vous vous engagez dans une quête initiatique qui vous permettra de changer votre plomb en or. Cette ressource peut aussi bien se trouver en vous.
Peut-être vous sentez-vous en danger actuellement. Comme si vous ressentez l'urgence de vivre ou de guérir quelque chose ou quelqu'un.

L'alchimiste transforme la structure même de la matière de la réalité. C'est le pouvoir de transmutation, d'autoguérison et de régénération. Elle dédie toute sa vie à cette mission. L'alchimiste recherche également la médecine universelle, le moyen de rendre sa vie et celles des autres éternelles.

Cette carte vous appelle à faire un pas vers la guérison active. Vous avez le moyen de faire face. Ce que vous fuyez vous suit, ce que vous résistez persiste, mais heureusement, ce à quoi vous faites face s'efface. Vous pouvez vous rappeler de créer l'or, qui peut jaillir dans la matière à partir de vos propres ressources. Cette carte vous invite à fouiller dans tous les recoins de votre âme, car la magie s'y trouve, pour transformer tout ce qu'il y a à transformer. C'est ainsi que l'âme agit. Rappelez-vous que les fleurs sacrées, telles que les nénuphars, plantent leur racine dans les eaux les plus sombres. Tout est là, même si vous ne le voyez pas.

Forces: Peut tout transformer, même l'impossible

Vulnérabilités: Quête interminable, peut s'isoler et se penser supérieur, inatteignable

Séance à écouter: Guérison

32. LA GUÉRISSEUSE

Vous êtes parfois fatigué.e de tout donner aux autres. Vous avez ce don pour prendre soin d'autrui, mais il semblerait que vous vous soyez oublié.e au passage. Votre empathie et votre perception vous permettent d'accomplir de grandes choses pour servir l'humain. Toujours disponible pour les autres, vous êtes indisponible à vous-même.
Sans vouloir faire de mauvais jeu de langue, il est temps d'accepter de vous faire soigner :-)

La priorité aujourd'hui : c'est vous !
Depuis quand n'avez-vous pas prêté attention à vos désirs, vos besoins, vos droits ? Depuis combien de temps censurez-vous les signaux de votre corps ?

Si vous sentez une tension dans les épaules et la nuque, il est temps de reposer le monde que vous portez sur vos épaules depuis trop de temps. Si c'est au niveau des lombaires, sachez que vous avez le droit d'en avoir plein le dos. Si vos genoux sont en train de grincer, sachez que poser un genou à terre pour vous reposer n'est pas une défaite.

Tous les signaux d'alerte physiques et psychiques semblent être allumés. Il serait temps d'arrêter de mettre la tête dans le sable. Bien sûr que votre sensation d'être nécessaire aux autres est juste. Vous vous sentez d'une certaine façon irremplaçable, mais c'est ici l'égo qui parle.

C'est OK si vous déposez les armes. Même les plus grands ont besoin des autres. Pour conserver votre pouvoir de guérison par les mots et par les gestes, vous avez besoin de prendre soin de vous.

La femme médecine guérit les blessures de la chair,

de l'âme, du passé et du présent. Un peu spéciale, un peu différente, elle est à la fois crainte et indispensable. La femme médecine a dû s'adapter. Tantôt vénérée par sa tribu dans certaines régions du monde, tantôt exclue de la société, la femme médecine vit les polarités opposées et les paradoxes constamment. Elle s'adapte à n'importe quel milieu, peut guérir toutes les blessures. Elle sait se faire confiance et prendre des décisions. Elle sait aussi que chaque soin a un coût personnel. Elle prend le temps de revenir à son énergie pour être capable de redonner ensuite. Elle vient vous mettre à jour dans vos approches. Elle vous aide à vous inclure et à inclure votre propre énergie et vos propres limites dans les soins que vous prodiguez, quels qu'ils soient.

Forces : Adaptable, confiante

Vulnérabilités : Peut se sentir isolée, incomprise et parfois impuissante

Séance à écouter : Guérison

33. LA SAGE

Vous vous trouvez en ce moment dans une position délicate. Vous en avez peut-être conscience ou non. Il est possible que vous vous sentiez mal à l'aise avec une situation, une action ou une décision que vous venez de poser. Peut-être que vous vous sentez sous influence ou sous emprise, et que vous ne savez plus repérer ce qui est juste. Vous arrivez à identifier que quelque chose est faux, en décalage avec vous-même mais il vous manque le courage de vous

réajuster.
C'est dans ces moments qu'il faut se connecter à la sagesse afin d'être capable de choisir au-delà et pour plus grand que soi.

La sagesse représente l'équilibre intemporel entre le bien et le mal. Elle porte en elle toutes les connaissances et la sagesse des anciens, consciente et inconsciente. De bien des manières, elle est un cadre de référence fiable pour guider et maintenir des lois universelles. Souvent, on se rend compte de son importance qu'après l'avoir bafouée et oubliée. Les conséquences, alors, sont graves et perdurent dans le temps. Parfois, on porte en soi les erreurs de nos ancêtres. Cette carte vous invite à vous demander à qui appartiennent ou par qui sont influencées nos décisions, ou nos zones de non-choix.

La femme sagesse représente l'équilibre sacré entre l'honnêteté, l'amour et la bravoure. Elle accueille ce qui est, et peut considérer avec justesse l'écart entre ses idéaux et ce qui existe. Elle vous invite à étudier vos actes et à peser le bien et le mal de vos décisions ou de vos actions. C'est en mettant votre égo de côté que vous pourrez évoluer.
Le tout contient l'ensemble de ces facettes, si l'on

ose les regarder en face. Tout est important puisque c'est ce qui vous amène au niveau suivant. La sagesse ose défendre ce en quoi elle croit, même si elle est seule. Elle sait se désengager d'une inertie donnée et influencée par un groupe. Elle reconnaît lorsqu'elle s'est laissé influencer par l'environnement et que la route dans laquelle elle s'est engagée ne lui correspond pas. Elle vous invite à regarder les choses telles qu'elles sont et non telles que vous les regardez. Elle vous met en garde de ne pas utiliser la sagesse pour justifier un désengagement.

Il s'agit peut-être ici d'avoir la force d'observer vos erreurs, d'en tirer des apprentissages, avec amour et respect pour vous-même et pour les autres. La sagesse voit plus loin que l'inconfort immédiat. Elle vous conseille de regarder au loin, là où les leçons vous permettront de vous élever.

Forces : Bravoure, amour, honnêteté, équilibre

Vulnérabilités : Désengagement, poids des responsabilités

Séance à écouter : Guérison

34. LA GRAND-MÈRE

En ce moment, vous aimeriez bien être au centre de tout, et tout contrôler. Et pourtant, tout semble vous échapper. C'est dans ce moment si particulier que vous aimeriez que l'on reconnaisse que sans vous rien ne va. Il est douloureux de vous apercevoir que la terre continue de tourner si vous baissez les armes. Vous aimeriez voir dans le miroir votre plus beau reflet, et peut-être même la foule qui vous acclame.

C'est difficile de ne pas être là dans la vie de chacun.e pour sauver qui a besoin de l'être. C'est pourtant si épuisant, que vous vous perdez vous-même dans ces combats qui ne sont pas les vôtres.
La grand-mère représente un puits énergétique incroyable qui peut vous inspirer pour revenir au centre de votre vie. Elle est aussi une grande ressource et elle vous apprend à briser le cercle infernal de la sauveuse.

La grand-mère a vécu, et sait où elle peut mettre le peu d'énergie et de ressources qui lui reste. Elle sait rester à disposition pour celui ou celle qui la demande. Il lui arrive parfois de demander si elle peut faire des suggestions. C'est tout l'art du soutien qu'elle procure. La vie lui a appris que si la personne n'est pas demandeuse, son aide ne sera ni appréciée à sa juste valeur, ni la bienvenue.
Elle sait où est sa place. Ni sauveuse, ni bourreau, ni victime. Elle est là où elle doit être. Elle n'a pas abandonné l'idée d'être présente à autrui, ni son altruisme. Elle observe, repère et choisit d'intervenir seulement si l'on suscite son aide.

Cela ne veut pas dire qu'elle reste insensible à la souffrance des siens. Au contraire, elle la ressent et c'est inconfortable. Mais la sagesse de la vie la soutient dans la démarche de patience, d'accueil, de douceur et d'attente. Car pour aider, il faut que la personne soit prête à recevoir votre aide, votre conseil.

Elle a appris qu'en se délestant du rôle de mère et de toute-puissance, elle a pu aller à la rencontre profonde d'elle-même. Elle a appris à ne plus agir en fonction des attentes du monde mais en fonction de son vrai soi authentique.

Elle vous invite à regarder dans votre vie quels sont les combats que vous menez pour votre propre évolution et construction, et ceux qui ne vous appartiennent pas. Elle vous invite à mettre également de côté votre égo pour entrer en contact avec votre identité profonde.

Forces : Sagesse, juste, équitable, douce, aimante

Vulnérabilités : En décalage avec son temps, réticente à l'innovation

Séance à écouter : Guérison

35. L'ENSEIGNANTE

En ce moment, vous avez l'impression de tout faire de travers. Vous voyez qu'un schéma se répète encore et encore. Peut-être, pensez-vous que c'est injuste si vous rencontrez des amoureux tous nuls. Souvent vous refusez les conseils et suggestions des autres. De toute manière, vous avez déjà tout essayé... Et ce n'est pas chez vous « qu'il y a un problème ». Peut-être pensez-vous que c'est la faute de la vie si rien ne va pour vous.

Vous arrivez toujours au même résultat. Il est temps d'entrevoir votre part de responsabilité dans ce qui est en train de se passer pour vous. Cette posture de victime vous épuise. Et surtout, elle vous empêche d'apprendre, de vous améliorer et d'obtenir des résultats qui vous rendent plus heureux.se.

L'enseignante est celle qui sait et qui transmet. C'est aussi celle qui évalue et corrige. Alors, elle peut effrayer quand on croise son regard. Celui-ci met à jour tout ce qui a besoin d'être corrigé, amélioré. Son rôle est de permettre l'ascension de son élève, pour son plus grand bien. Pourtant, les meilleurs enseignants du monde ont besoin de l'effort, de l'engagement et des apprentissages de leurs disciples.

L'enseignante vous invite à regarder dans vos actions, vos pensées, vos habitudes. Qu'est-ce qui ne fonctionne plus aujourd'hui et qui ne vous amène plus là où vous avez besoin d'aller ? Elle vous invite à regarder sans jugement les actions que vous posez et vos zones de non-choix. Elle vous rappelle que c'est souvent l'absence de courage qui donne l'impression d'un « non-choix ». (L'enseignante est là pour vous dire que pour faire une randonnée en montagne, il vaut mieux choisir le bon itinéraire).

C'est en regardant les panneaux de direction sur l'autoroute que vous savez si vous avez pris le bon chemin. C'est en regardant chaque détail que vous pouvez ajuster votre route. L'enseignante vous invite à vous poser cette question : qu'est-ce que je fais qui ne m'amène pas au résultat espéré et qu'est-ce que je peux faire différemment ?

Cela peut être d'observer que vous ne pourrez pas prendre soin de votre santé en vous gavant de produits industrialisés, que vous ne pouvez être heureux.se en amour en acceptant d'être maltraité.e par un homme ou une femme... Quelque chose doit être fait et envisagé autrement.

L'enseignante vous invite également à porter au monde tous les changements que vous aurez effectués, tout ce que vous aurez réajusté. Peut-être qu'il s'agit aussi de transmettre votre message et vos apprentissages à qui en aurait besoin.

L'enseignante reçoit et transmet, alors ouvrez grand votre cœur et vos oreilles aux messages que vous pourriez recevoir et retransmettre.

Forces : Observatrice, pédagogue, encourageante

Vulnérabilités : Ne croit que ce qu'elle sait, sûre d'elle

Séance à écouter : Guérison

36. LA REINE DES CŒURS

S'il y a une chose que vous avez du mal à supporter, c'est de voir les autres souffrir. Pour vous, la souffrance devrait être éradiquée. Vous seriez capable de vous sacrifier à la place des gens que vous aimez si cela leur permettait d'éviter de souffrir. On dit souvent que c'est facile de vous « faire marcher ». Vous accourez quand quelqu'un a besoin de vous, en oubliant parfois que ces personnes ont leurs propres ressources.

Vous sacrifier pour sauver est instinctif. Et pourtant, c'est la pire chose que vous puissiez faire.
Même si, au premier regard, ce sacrifice pour sauver est honorable, c'est aussi une manière de rendre les autres dépendants de vous. Cette carte vient vous rappeler que la souffrance et l'inconfort sont de l'ordre d'un processus naturel d'évolution. En empêchant les autres de ressentir ces affects et ces états désagréables, vous les empêchez aussi de grandir et d'évoluer.

La reine des cœurs est profondément aimante et maternante, c'est vrai.

Elle accueille l'émotion des personnes sans se sentir responsable de les apaiser. Elle offre sa compassion, son conseil mais ne s'implique pas dans le processus de la personne. Elle sait qu'il n'y a que cette personne qui peut s'aider elle-même. Elle est aussi cette meilleure amie qui sait vous dire : « Allez, vas-y ! » Elle est soutenante, sans pour autant faire à la place de l'autre. Elle encourage avec douceur et fermeté à accomplir son destin.

Tout le monde aimerait avoir une reine des cœurs à ses côtés. Et aujourd'hui, elle vous insuffle l'énergie

nécessaire pour vous accomplir. Elle vous demande aussi d'être présent.e envers les autres avec la même intention. Sans jugement ni rigidité. Elle vous invite également à faire confiance aux autres et à les laisser explorer leur vie, leurs erreurs, leurs choix.
Elle vous demande de lâcher prise et de rester là, aimant.e et sans jugement pour ceux que vous aimez. C'est en leur permettant d'échouer et d'être leur refuge que vous leur permettrez de progresser et de s'élever. Vous devez apprendre à être impliqué.e mais détaché.e à la fois. Leur réussite ne dépend pas de vous, de votre qualité d'accompagnement. Faites confiance au processus, chaque individu a son propre rythme.

Si vous voyez un ami en difficulté en train de nager, plutôt que d'aller vous noyer avec lui, rappelez-vous que vous pouvez aussi lui envoyer une bouée de sauvetage sans vous mettre en péril !

<u>Forces :</u> Aimante, pleine de compassion, patiente, empathique

<u>Vulnérabilités :</u> Passive, détachée

<u>Séance à écouter :</u> Guérison

37. LA TEMPÉRANCE

En ce moment, tout vous paraît plus rose ailleurs. Vous partez dans tous les sens. Dès qu'un projet aboutit, un autre voit le jour dans votre esprit. Rien n'est jamais assez bien ou assez grand. Et vous êtes insatiable d'expériences, de changements, de désirs. Votre cerveau est en ébullition en ce moment. Vous avez sans doute du mal à tenir la route, voire même à tenir vos promesses. Vous êtes comme un chiot joyeux attiré par tellement de possibilités de jeux. Vous aimez quand c'est facile.

Tenir vos efforts sur le long terme est sans doute douloureux.
Dès que vous avez la sensation d'avoir fait le tour d'un projet ou d'une relation, l'ennui vous gagne et vous voudriez déjà partir voguer vers d'autres horizons. La nouveauté vous stimule et vous excite. Le problème, c'est qu'à force, vous manquez de constance. On pourrait même croire que vous n'êtes pas fiable. C'est difficile pour les autres de capter l'essence de votre énergie. Tout va trop vite, votre pensée, vos émotions, vos actions. Vous avez sans doute un carnet de notes rempli de 1000 idées. Votre vie est une accumulation de projets débutés et non aboutis.

Si vous avez tiré cette carte, vous avez sans doute besoin d'apprendre à poser votre énergie et à vous recentrer.
La tempérance fait un travail de fond constant. Elle ne part plus dans les excès quand bien même cela lui serait possible. Elle sait que c'est en gardant un rythme stable et un tempo unique qu'elle arrivera à créer et finaliser les projets.
Dans ce sens-là, elle peut venir faire le tampon entre votre envie d'arrêter tout en tempérant vos ardeurs. Elle vous permet de vous connecter à cette partie

de vous qui sait profondément pourquoi elle fait les choses. La tempérance ici vous aidera à trouver votre stabilité. Votre équilibre. Comme une danseuse a besoin de trouver son centre de gravité pour faire ses pirouettes, tout comme elle a besoin de répéter encore et encore les mêmes mouvements avant de parvenir à une perfection d'exécution. Rappelez-vous que le succès, la réussite n'arrivent jamais par hasard, ou bien d'un seul coup.

La tempérance vous aide à garder en vue l'aboutissement afin de ne pas perdre votre motivation. Elle vous transmet le message suivant : « Parfois, si ça n'arrive pas aussi vite ou facilement que ce que vous espériez, c'est que n'est pas encore le moment. Il y a d'autres choses à comprendre, préparer ou percevoir. Ça ne veut pas dire que c'est faux, et que vous devriez arrêter, au contraire, continuez de chercher, augmentez votre curiosité, patientez, laissez raisonner et vous comprendrez comment débloquer la situation. Tel un flux d'eau qui s'écoule et qui trouve un barrage, il faut parfois attendre que l'eau s'accumule, et monte pour s'écouler de l'autre côté constamment, avec plus de puissance, tout en générant de l'énergie. »

La tempérance est ancrée et vous apporte l'énergie de la pleine présence en étant dans ce que vous faites, dans ce que vous vivez, etc. Vous pourrez ainsi découvrir la satisfaction d'aller au bout des choses.

Forces : Force tranquille, patience, constance

Vulnérabilités : Difficulté à sortir des sentiers battus, immobilisme, manque de vision

Séance à écouter : Guérison

POUR ALLER PLUS LOIN

Maintenant que vous avez exploré les portes de l'inconscient, vous pouvez bien entendu aller plus loin grâce à un travail personnel.

Si vous voulez en savoir plus sur les auteures de cet ouvrage, voici quelques informations :

JENNIFER PICCI

@JENNIFER_PICCI

Derrière chaque thérapeute se cache un homme ou une femme. Laissez-moi vous présenter la femme que je suis et vous comprendrez la thérapeute que je suis devenue…

Enfant, l'école se méritait. Diagnostiquée dyslexique à 6 ans, les professeurs ne m'encourageaient guère vers la voie universitaire. La vie commençait par un apprentissage qui me semblait insurmontable : la lecture et l'écriture. Des tuteurs plus tard, à 11 ans à peine je décroche enfin le sésame.

Des pages de livres aux pas de danse (j'ai dansé plus de 20 ans en danse classique et jazz), j'intègre très jeune des compagnies de danse semi-professionnelles. La vie est une danse mais la réalité est plus rock'n'roll.

Comme dans une vie parallèle qui se déroulait en même temps, l'appel à la nature, les perceptions extrasensorielles se développaient. Un jour, j'en ai parlé aux mauvaises personnes : grosse erreur. Quelques mois de harcèlement et de moqueries de la part de ma famille ainsi que des camarades et amis ont suffi pour « me couper » de cette partie de moi. J'étais déterminée à entrer dans le moule ! Et j'ai commencé à m'étouffer de plus en plus. Jusqu'à ce que je n'en puisse plus et que le corps lâche.
À tout juste 20 ans, je réagis et je fais un choix : je quitte le faire plaisir à tout le monde et je me réapproprie ma vie. Déterminée, je commence un suivi.

L'approche n'était pas si simple. Les blessures étaient profondes. Elles étaient là, prêtes à guérir. Et j'ai guéri. Je me sentais devenir plus forte, je n'avais plus mal. J'avais un travail, un appartement et je fréquentais les bancs de l'université. Pas à pas, je rentrais dans une vie qui semblait parfaite de l'extérieur mais l'équilibre restait fragile...

Quelque chose manquait pourtant à l'appel. Je vivais mais je ne me sentais pas vivante. Je bougeais mais sans dynamisme. J'apprenais sans enthousiasme. De temps à autre, j'avais une étincelle d'idée, une lueur d'espoir. J'avais envie de faire quelque chose de grand, de différent. C'étaient des idées, des intuitions qui me réveillaient au milieu de la nuit, mais cela était toujours accueilli avec du scepticisme et de la dissuasion. Un jour, une amie très chère m'a rassurée : « Tu n'es pas malade, tu es juste en rupture avec ton chemin de vie. » C'est à ce moment que le sacré est rentré à nouveau dans ma vie, sans sonner à la porte.

Peu de temps après, j'ai découvert le coaching. Quelques années plus tard, je découvrais l'hypnose ericksonienne et conversationnelle. Je sentais et vivais les changements de l'intérieur comme de l'extérieur. J'étais animée par la puissance qui se développe avec le travail du souffle et les états modifiés de conscience en psychologie. Je naviguais dans ma vie en conscience et en pleine puissance.
Grâce à la combinaison de toutes ces expériences, personnelles comme professionnelles, j'ai terminé

mes études et décroché un master en sciences et psychologie du travail et des organisations. De formations en pratique, je décide d'ouvrir très vite mon propre cabinet en 2017 à Genève.

Aujourd'hui, j'anime un podcast, je reçois des personnes en consultations privées et j'ai créé le programme Unlocking You.

Vous pouvez me retrouver sur Instagram ***https://www.instagram.com/jennifer_picci/***

Retrouvez mon podcast « ***En A'corps*** », sur votre plateforme préférée.

Et pour en savoir plus sur mes accompagnements, vous pouvez vous rendre sur mon site internet : ***https://www.jenniferpicci.com/about***

✦

✦

BETTY JERECZEK

@BETTY_JERECZEK

Je suis psychologue diplômée, formée en hypnose thérapeutique. Depuis 14 ans, j'ai accompagné des milliers de personnes dans leur métamorphose. Depuis plusieurs années, je souhaite vivre mon métier de manière plus profonde, plus connectée et plus impactante.

J'ai créé et animé plusieurs cercles de femmes en ligne. J'ai également créé un stage « Femmes Louves » qui s'adresse aux femmes qui veulent prendre leur place dans le monde.

Plus que jamais, j'ai eu envie de créer ces espaces dans lesquels les femmes peuvent se rencontrer et grandir ensemble sans jugement.

Je suis une maman, une entrepreneure et une femme passionnée. Je suis dotée d'une grande sensibilité. Enfant, et pendant encore de (trop) longues années de ma vie d'adulte, je me suis sentie différente, en décalage et incomprise.

L'hypnose m'a aidée à mieux me comprendre, à mieux apprivoiser mon univers intérieur et à transcender mes blessures passées.
J'ai créé les espaces que j'aurais voulu voir exister pour moi au moment où j'étais en train de me chercher et d'assumer mes différences. Des espaces dans lesquels on peut avoir des discussions qui contribuent à changer le monde. Mais aussi à changer notre monde intérieur.

Pour vous accompagner, je suis formée à la psychologie (Master 2 de psychologie), je me suis spécialisée en thérapie cognitvo-comportementale (TCC). Je suis également formée à l'hypnose thérapeutique et ai suivi de nombreuses formations. Je me suis par la suite formée à une hypnose plus « subtile ».

Je suis passionnée et altruiste.
Mon grand rêve est que chaque femme puisse briller sans éteindre la lumière des autres.

Vous pouvez me retrouver sur Instagram où je partage beaucoup d'astuces utiles à votre croissance personnelle : ***https://www.instagram.com/betty_jereczek/***

Retrouvez mon podcast « Sans compromis », le podcast des âmes sauvages qui veulent faire une force de leur sensibilité : ***https://smartlink.ausha.co/sans-compromis***

Et pour en savoir plus sur moi et mes accompagnements, vous pouvez vous rendre sur mon site internet : ***https://www.bettyjereczek.fr***

✦

JULIE PICHET

@JULIE.DOTM.ILLUSTRATION

Je suis entrepreneure intuitive depuis plus de 4 ans, mais aussi maman d'un petit garçon de 6 ans.

J'ai lancé mon entreprise il y a plusieurs années, après avoir cherché ma voie pendant longtemps et m'être formée par moi-même avec ce que je trouvais sur le Web.

Aujourd'hui, je suis graphiste, illustratrice et webdesigner, et j'accompagne des femmes inspirées à rendre leurs projets visibles sur le Web tout en restant elles-mêmes.

Mon travail d'illustratrice consiste à retranscrire ce que je ressens, ce que je vis, ce que j'éprouve dans mes dessins.

Pour moi, c'est une manière d'entrer en introspection, ou au contraire, d'extérioriser mes émotions. Et lorsque j'ai un projet d'illustration avec une cliente, mon travail devient alors la retranscription de son énergie, ses émotions, au travers de mes dessins et de mon intuition.

Essayant de vivre une vie dans le lâcher prise, en acceptant et gérant au mieux mes troubles de l'anxiété, l'illustration, et le fait de créer avec mes mains, me permettent de me connecter à ce lâcher prise dont j'ai besoin.

Tu peux me retrouver sur mon compte instagram principal où je partage mon quotidien d'entrepreneuse : ***https://instagram.com/design.onthemoon/*** ou sur mon compte dédié à mes illustrations ***https://instagram.com/julie.dotm.illustration/***

Pour en savoir plus sur mon travail d'illustratrice : ***https://illustratrice.design-onthemoon.com/***

Tu peux également écouter mon podcast «Business Intuitif» dédié à l'entrepreneuriat intuitif : ***https://smartlink.ausha.co/design-onthemoon/***

✦